BIANCA M
NINKE

Foreword | *Voorwoord*

MILOU VAN ROSSUM

ACCESSORIZE!

250 OBJECTS OF FASHION & DESIRE

RIJKSMUSEUM / YALE UNIVERSITY PRESS

ACCESSORIZE! 250 OBJECTS OF
FASHION & DESIRE has been published to
accompany the virtual exhibition Accessorize! at
www.rijksmuseum.nl. The website presents a
variety of ways to view the objects, and there are
animations, information, a fan game and more.

PUBLISHER
Yale University Press & Rijksmuseum

ABOUT THE AUTHORS
Bianca M. du Mortier is Curator of Costume at
Rijksmuseum, Amsterdam.
Ninke Bloemberg is Fashion and Costume
Curator at Centraal Museum, Utrecht.

PHOTOGRAPHY
Rijksmuseum Image Department: Frans Pegt,
Rik Klein Grotink, Carola van Wijk

DESIGN
Joost van Grinsven, Cristina Garcia Martin

TRANSLATION
Lynne Richards

PRINTING
Through WorldPrint, China

www.rijksmuseum.nl/accessorize

© 2009, 2012 Rijksmuseum

First published in 2009 by Rijksmuseum and
Nieuw Amsterdam.
This revised edition published by Rijksmuseum
and Yale University Press, 2012.

ISBN 9780300167658

FOREWORD

VOORWOORD

People who are noticeably chic and well-dressed have become the exception; it is almost taboo to look as if you've made an effort with your outfit.

It is only in accessories that we truly reveal ourselves. Our taste, our aspirations, the group of people we believe we belong to, our love of luxury (or, indeed, our distaste for it), sometimes even our political leanings: you can read them from our bag, our shoes, our tie, watch, spectacles, sunglasses, mobile phone – the latest category to mutate from functional object to fashion accessory. In the modern wardrobe, the accessory, which literally means 'something incidental, extra, an accompaniment', has the starring role.

Nowadays clothes are not where the great fashion houses make their money – the profits come from cosmetics, shoes, bags and sunglasses. Accessories are front and centre in advertising campaigns; fashion shows without bags have become a rarity. The importance of accessories is reflected in their size. After the extra large bag and the extra large sunglasses, we now have the man's shoe with the extra thick sole and, most striking of all, elaborate, extraordinarily shaped women's shoes with vertiginously high heels. A shoe as a work of art, literally placed on a pedestal, so that some of them are more than six inches high.

In recent seasons models have had some nasty falls on the catwalks, but that hasn't stopped fashionable women from buying these shoes. We expect our clothes to be comfortable, to give us freedom of movement, but we are prepared to suffer for the right accessory.

Although the accessory has never played such a prominent role in fashion as it does now, it is nonetheless timeless. The Rijksmuseum has a collection of around 5,000 accessories. A selection of 250 of them is illustrated in this book. For once they have been arranged not by period, but by colour. Pictured without the clothes that would have been worn with them, photographed against a glossy black background – modern, glamorous.

It is an approach that does more than emphasize the beauty of each individual piece, it makes it possible to see the accessories out of their historical context. And then we find that many of the objects are far less outdated than one would think. It is precisely because when it comes to accessories we still attach great value to hand work and luxurious materials that relatively little has changed down through the centuries.

Not many women would wear a dress dating from the 17th, 18th or 19th century. But the embroidered silk reticules in which women carried their personal possessions have lost none of their charm. The paisley scarves so beloved of career women

expensive cashmere shawls of the early 19th century. The black crocodile bag made in Holland and the pink suede bag by Hermès with the gem-encrusted silver clasp, both made around 1930, come from the first generation of handbags, but they are as desirable today as they were then.

Lace-up boots, launched in the early 19th century as the first practical footwear for women, are classics. The embroidered silk mules of the 17th and 18th centuries may look a little primitive to our eyes, but the shape of the heel and the pointed toe come back time and time again in modern designs.

There are, of course, accessories that we really don't wear or carry any more. Until the end of the 19th century, ornately decorated fans of ivory, wood or tortoiseshell were an important item for well-to-do women. Designed to cool one's face, they were at the same time the perfect aid to flirting. But the fan has disappeared from Europe almost entirely. Parasols have made way for suntans and sunglasses, muffs haven't been seen since the 1950s. Gloves, a status symbol for men and women alike until the early 20th century, only appear in the autumn and winter, and then they are purely functional. And obviously we can forget all about those huge wigs men wore in the 18th century, one of which can be seen in this book.

Or can we? At its women's show for spring 2009, the avant-garde Japanese label Comme des Garçons put the models in white wigs close to two feet tall. A reference to the towering Marie-Antoinette hairdos of the 18th century and to those periwigs.

In the world of the fashion accessory the past is never far away.

- -

Milou van Rossum
fashion journalist

...even in een modetijdperk dat gedomineerd wordt door nonchalante kleren. Mensen die heel uitgesproken gekleed gaan zijn uitzonderingen geworden; het is bijna taboe om eruit te zien alsof je erg je best hebt gedaan op je outfit.

Alleen in accessoires laten we onszelf écht zien. Onze smaak, onze aspiraties, de groep mensen waartoe we onszelf rekenen, onze hang naar luxe (of juist niet), soms zelfs onze politieke voorkeur: je leest het af aan onze tas, onze schoenen, onze das, horloge, (zonne)bril, mobiele telefoon – de laatste categorie die zich heeft ontwikkeld van puur functioneel voorwerp tot modeaccessoire.

Het accessoire, dat letterlijk 'bijkomstige zaak, iets dat tot aanvulling dient' betekent, speelt in de moderne garderobe de hoofdrol.

Het zijn dan ook niet kleren waar de grote modehuizen het geld mee verdienen maar – naast cosmetica – schoenen, tassen en zonnebrillen. Accessoires staan centraal in advertentiecampagnes, modeshows zonder tassen zijn een zeldzaamheid geworden.

Het belang van accessoires wordt nog eens weerspiegeld in hun formaat. Na de extra grote tas en de extra grote zonnebril hebben we nu te maken met de mannenschoen met extra dikke zool en vooral: de zeer bewerkte, bijzonder gevormde, extra hoge vrouwenschoen. Een schoen als een kunstwerkje, letterlijk op een voetstuk gezet, waardoor deze hoogtes bereikt tot wel vijftien centimeter.

Op de catwalks zie je modellen de laatste seizoenen regelmatig lelijk vallen, maar dat weerhoudt modieuze vrouwen er niet van het zulke schoenen aan te schaffen. Van onze kleren eisen we bewegingsvrijheid en comfort, voor het juiste accessoire zijn we bereid te lijden.

Al heeft het accessoire nog nooit zo'n prominente rol in de mode gespeeld als nu, het is van alle tijden. Het Rijksmuseum heeft een verzameling van zo'n 5000 accessoires. Een selectie van 250 van deze accessoires staat afgebeeld in dit boek. Ze zijn nu eens niet gerangschikt naar periode, maar naar kleur. Afgebeeld zonder de kleding die erbij werd gedragen, modern en glamourous gefotografeerd tegen een zwartglanzende achtergrond.

Het is een aanpak die meer doet dan de schoonheid van ieder afzonderlijk stuk benadrukken: het wordt mogelijk de accessoires los van hun historische context te zien. En dan blijkt dat veel van de voorwerpen veel minder verouderd zijn dan je zou verwachten. Juist omdat we bij accessoires nog altijd hechten aan handwerk en luxe materialen, is er door de eeuwen heen vaak relatief weinig veranderd.

Niet veel vrouwen zouden nog een jurk uit de 17de, 18de of 19de eeuw dragen. Maar de geborduurde zijden huideltjes

waar vrouwen in die tijd hun persoonlijke bezittingen of hand werkgerei in meenamen, hebben hun aantrekkingskracht nog niet verloren. De sjaals met paisleydessins, waar carrière vrouwen zo dol op zijn, zijn niets meer dan versimpelde versies van de onbetaalbare kasjmiersjaals uit de vroege 19de eeuw. De zwarte krokodillenleren tas van Nederlandse makelij, en de roze, suède, aan de zilveren beugel met halfedelstenen en mineralen bezette tas van Hermès, beide gemaakt rond 1930 behoren tot de eerste generatie handtassen, maar ze zien er onverminderd begerenswaardig uit.

Rijglaarsjes, in het begin van de 19de eeuw gelanceerd als het eerste praktische vrouwenschoeisel, zijn klassiekers. De geborduurde zijden damesmuiltjes uit de 17de en 18de eeuw mogen er in onze ogen weliswaar een beetje primitief uitzien, de vorm van de hak en de puntige neus zie je nog geregeld terugkomen in moderne ontwerpen.

Er zijn natuurlijk ook accessoires die we echt niet meer dragen of gebruiken. Tot eind 19de eeuw waren rijkversierde waaiers van ivoor, hout of schildpad een belangrijk item voor vrouwen uit de gegoede kringen. Bedoeld voor verkoeling, en tegelijkertijd een perfect hulpmiddel bij het flirten. Maar de waaier is bijna geheel uit Europa verdwenen. De parasol hebben we vervangen door zonnebrand en zonnebril, moffen worden sinds de jaren '50 niet meer gesignaleerd. De handschoen, tot in het begin van de 20ste eeuw een statussymbool voor vrouwen én mannen, zien we eigenlijk alleen nog maar in het najaar en de winter en dan meestal in een functionele uitvoering. Over de enorme mannenpruiken uit de 18de eeuw, waarvan in dit een boek ook een voorbeeld te zien is, hoeven het uiteraard helemaal niet meer te hebben.

O nee? Bij de vrouwenshow voor voorjaar 2009 van het avantgardistische Japanse merk Comme des Garçons droegen de modellen witte pruiken van wel een halve meter hoog. Een referentie naar zowel de enorme 'Marie-Antoinette'-kapsels uit de 18de eeuw als naar eerder genoemde mannenpruiken.

In de wereld van het modeaccessoire is het verleden nooit helemaal voorbij.

Milou van Rossum
modejournalist

ARRANGED BY COLOUR

OP KLEUR GESORTEERD

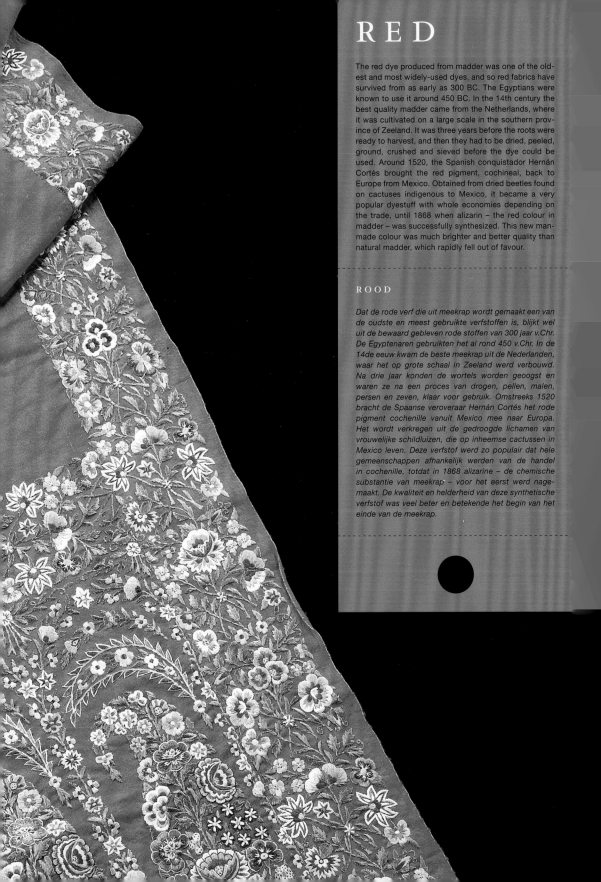

RED

The red dye produced from madder was one of the old-est and most widely-used dyes, and so red fabrics have survived from as early as 300 BC. The Egyptians were known to use it around 450 BC. In the 14th century the best quality madder came from the Netherlands, where it was cultivated on a large scale in the southern prov-ince of Zeeland. It was three years before the roots were ready to harvest, and then they had to be dried, peeled, ground, crushed and sieved before the dye could be used. Around 1520, the Spanish conquistador Hernán Cortés brought the red pigment, cochineal, back to Europe from Mexico. Obtained from dried beetles found on cactuses indigenous to Mexico, it became a very popular dyestuff with whole economies depending on the trade, until 1868 when alizarin – the red colour in madder – was successfully synthesized. This new man-made colour was much brighter and better quality than natural madder, which rapidly fell out of favour.

ROOD

Dat de rode verf die uit meekrap wordt gemaakt een van de oudste en meest gebruikte verfstoffen is, blijkt wel uit de bewaard gebleven rode stoffen van 300 jaar v.Chr. De Egyptenaren gebruikten het al rond 450 v.Chr. In de 14de eeuw kwam de beste meekrap uit de Nederlanden, waar het op grote schaal in Zeeland werd verbouwd. Na drie jaar konden de wortels worden geoogst en waren ze na een proces van drogen, pellen, malen, persen en zeven, klaar voor gebruik. Omstreeks 1520 bracht de Spaanse veroveraar Hernán Cortés het rode pigment cochenille vanuit Mexico mee naar Europa. Het wordt verkregen uit de gedroogde lichamen van vrouwelijke schildluizen, die op inheemse cactussen in Mexico leven. Deze verfstof werd zo populair dat hele gemeenschappen afhankelijk werden van de handel in cochenille, totdat in 1868 alizarine – de chemische substantie van meekrap – voor het eerst werd nage-maakt. De kwaliteit en helderheid van deze synthetische verfstof was veel beter en betekende het begin van het einde van de meekrap.

Cashmere shawl
c. 1800-25
India?
Wool
BK-NM-8465

Kasjmiersjaal
ca. 1800-1825
India?
Wol
BK-NM-8465

Sugarloaf hat
c. 1930-35
France, Paris
Felt, Persian fur, soutache, jet,
floss silk, wood
BK-1986-69

Punthoed
ca. 1930-1935
Frankrijk, Parijs
Vilt, persianer bont, soutache, git,
vloszijde, hout
BK-1986-69

Mittens
c. 1735-50
Netherlands
Cotton, floss silk
BK-TN-2545

Mitaines
ca. 1735-1750
Nederland
Katoen, vloszijde
BK-TN-2545

12

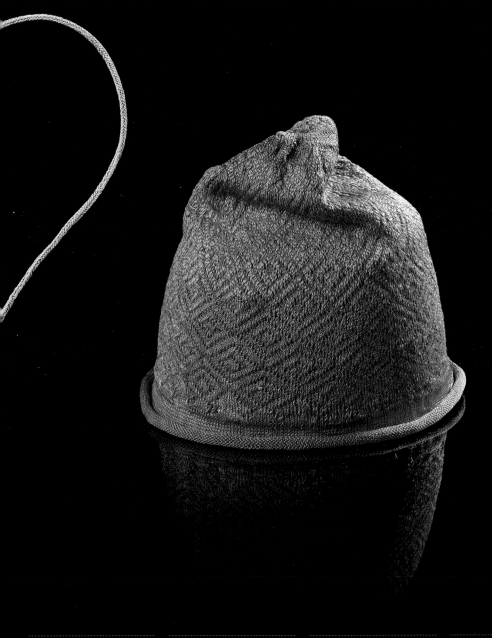

13

Drawstring purse
c. 1550-1600 or 1683
Turkey
Satin, silk, gold thread, silver
thread, linen, cotton
BK-1960-174

Buidel
ca. 1550-1600 of 1683
Turkije
Satijn, zijde, gouddraad,
zilverdraad, linnen, katoen
BK-1960-174

Cap
c. 1650-1700
England[?] London[?]
Silk, gold leaf
BK-KOG-16

Muts
ca. 1650-1700
Engeland[?], Londen[?]
Zijde, bladgoud
BK-KOG-16

Dance card fan
c. 1890-1900
France
Ivory, wood, graphite, brass
BK-1978-326

Balboekje
ca. 1890-1900
Frankrijk
Ivoor, hout, grafiet, koper
BK-1978-326

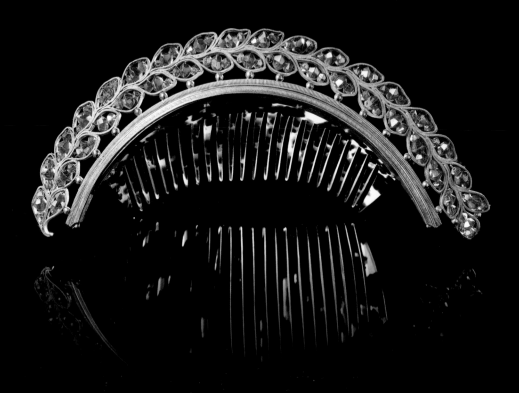

16

Comb
c. 1820-30
Netherlands or France
Garnet, tortoiseshell, brass, gold leaf
BK-1986-47

Haarkam
ca. 1820-1830
Nederland of Frankrijk
Granaat, schildpad, koper, bladgoud
BK-1986-47

Opera glasses worn as pendant
c. 1830
France
Gold, freshwater pearl, ruby, glass
BK-NM-12885

Toneelkijker als hanger
ca. 1830
Frankrijk
Goud, zoetwaterparel, robijn, glas
BK-NM-12885

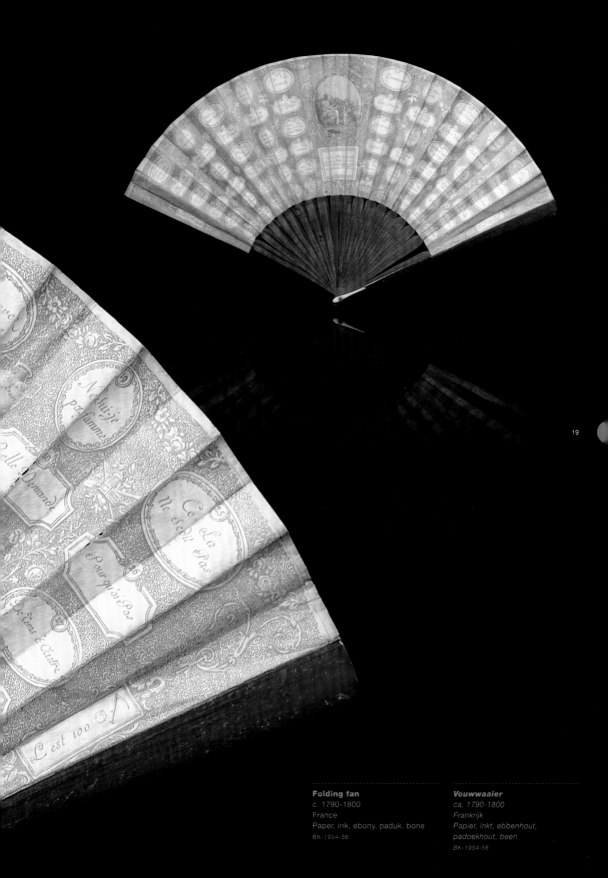

Folding fan
c. 1790-1800
France
Paper, ink, ebony, paduk, bone
BK-1954-56

Vouwwaaier
ca. 1790-1800
Frankrijk
Papier, inkt, ebbenhout,
padoekhout, been
BK-1954-56

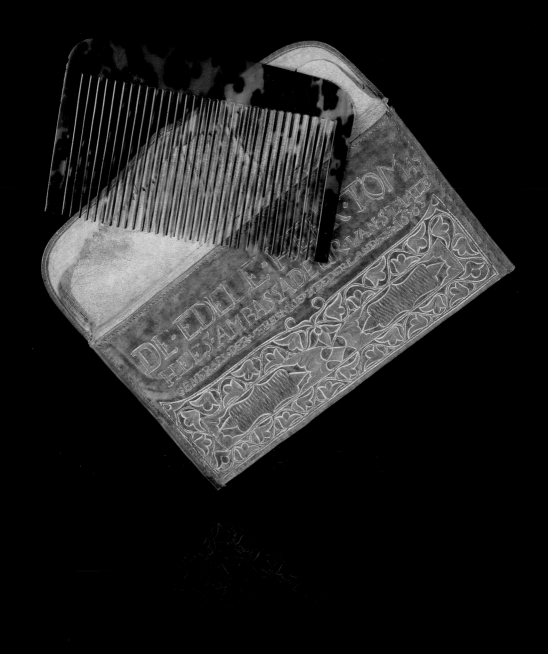

Comb	*Haarkam*	Long purse	*Sokbeurs*
1676	*1676*	c. 1820-30	*ca. 1820-1830*
Southern Europe	*Zuid-Europa*	Netherlands	*Nederland*
Tortoiseshell	*Schildpad*	Silk, floss silk, gilded steel	*Zijde, vloszijde, verguld staal*
SK-C-1216	*SK-C-1216*	BK-1995-24	*BK-1995-24*

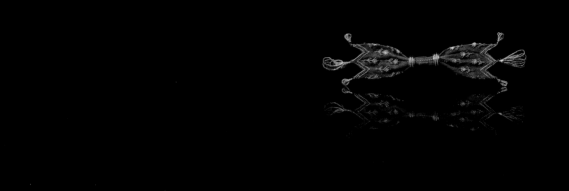

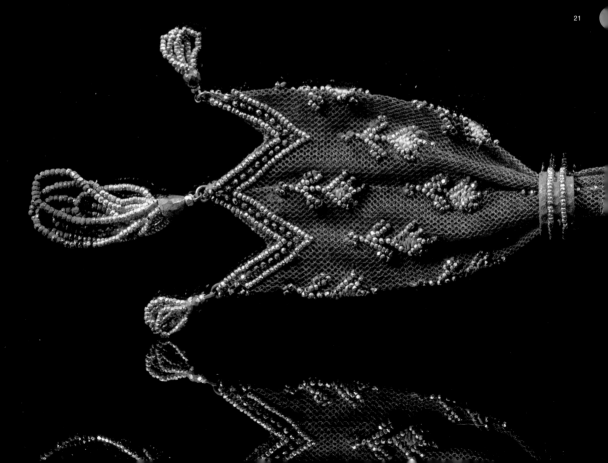

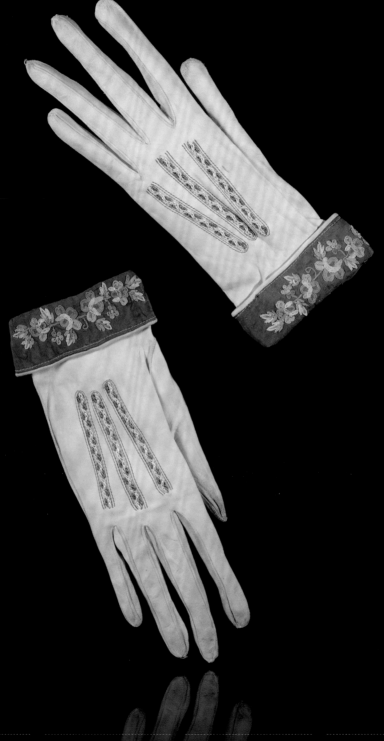

Gloves
c. 1890-1910
Vallet
France, Paris
Chamois leather, rep silk, floss silk
BK-1981-39

Handschoenen
ca. 1890-1910
Vallet
Frankrijk, Parijs
Zeemleer, ripszijde, vloszijde
BK-1981-39

Letter case
1754
Turkey
Leather, gold thread, silver thread, silk, metal
BK-NM-9709

Brieventas
1754
Turkije
Leer, gouddraad, zilverdraad, zijde, metaal
BK-NM-9709

1754.
Constantinople

Jean Abraham Grill

Cashmere shawl
c. 1850-60
Tibet or Mongolia
Wool
BK-1963-51

Kasjmiersjaal
ca. 1850-1860
Tibet of Mongolië
Wol
BK-1963-51

Carriage parasol
c. 1840-65
Netherlands
Silk, bone, brass
BK-NM-10001-a

Rijtuigparasol
ca. 1840-1865
Nederland
Zijde, been, koper
BK-NM-10001-a

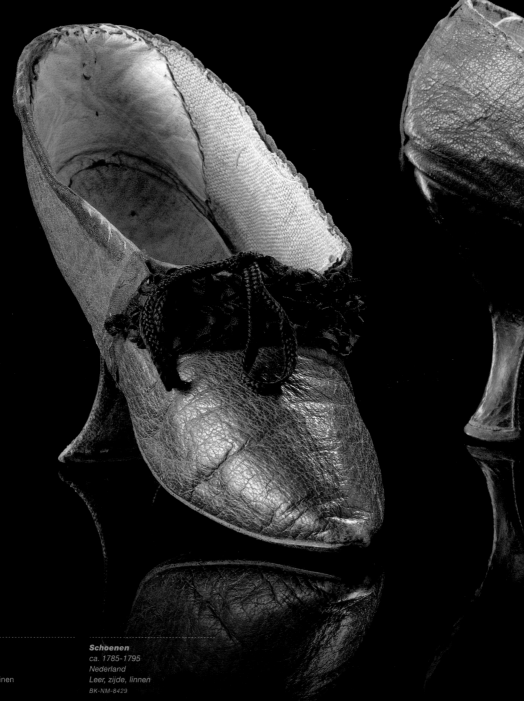

26

Shoes
c. 1785-95
Netherlands
Leather, silk, linen
BK-NM-8429

Schoenen
ca. 1785-1795
Nederland
Leer, zijde, linnen
BK-NM-8429

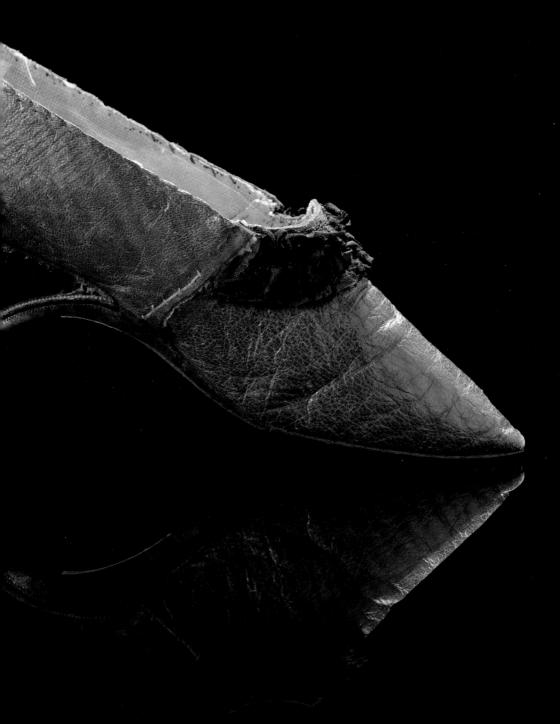

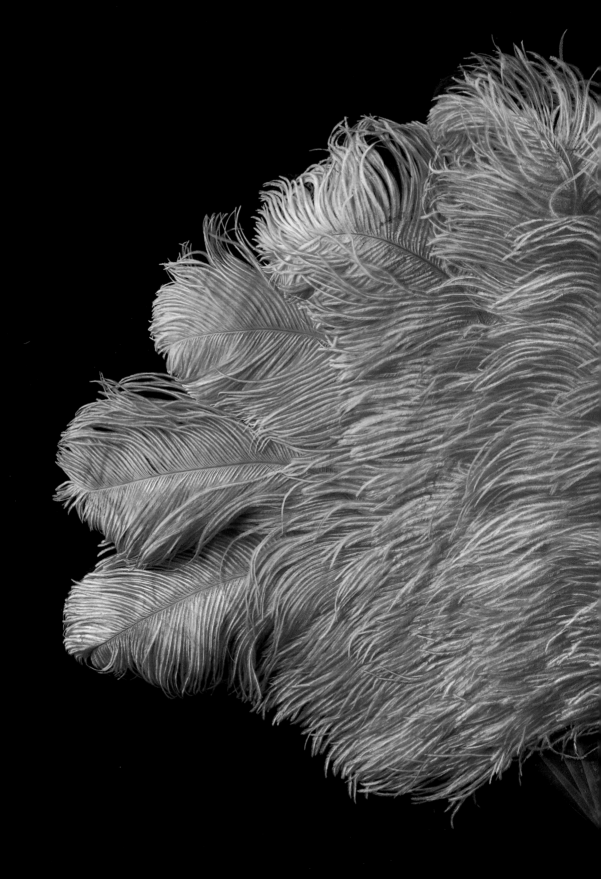

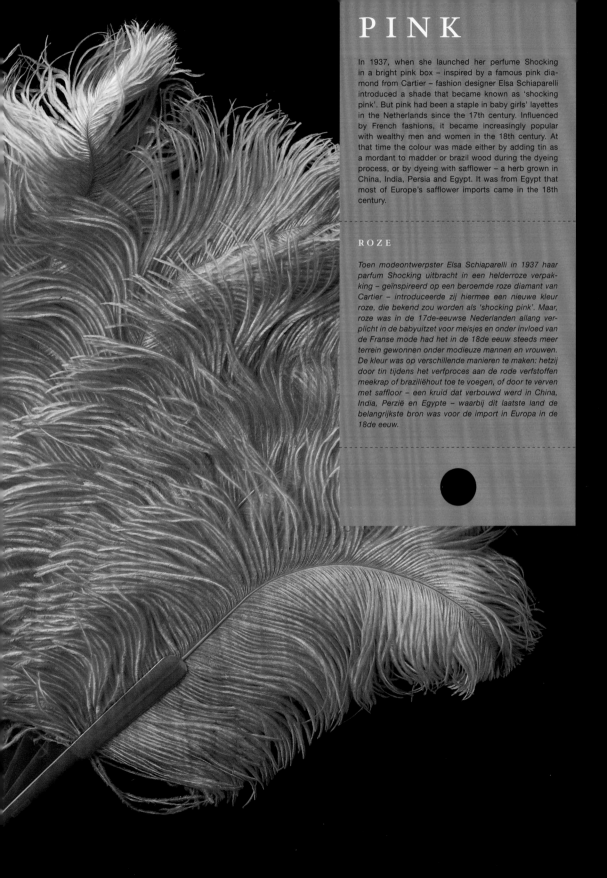

PINK

In 1937, when she launched her perfume Shocking in a bright pink box – inspired by a famous pink diamond from Cartier – fashion designer Elsa Schiaparelli introduced a shade that became known as 'shocking pink'. But pink had been a staple in baby girls' layettes in the Netherlands since the 17th century. Influenced by French fashions, it became increasingly popular with wealthy men and women in the 18th century. At that time the colour was made either by adding tin as a mordant to madder or brazil wood during the dyeing process, or by dyeing with safflower – a herb grown in China, India, Persia and Egypt. It was from Egypt that most of Europe's safflower imports came in the 18th century.

ROZE

Toen modeontwerpster Elsa Schiaparelli in 1937 haar parfum Shocking uitbracht in een helderroze verpakking – geïnspireerd op een beroemde roze diamant van Cartier – introduceerde zij hiermee een nieuwe kleur roze, die bekend zou worden als 'shocking pink'. Maar, roze was in de 17de-eeuwse Nederlanden allang verplicht in de babyuitzet voor meisjes en onder invloed van de Franse mode had het in de 18de eeuw steeds meer terrein gewonnen onder modieuze mannen en vrouwen. De kleur was op verschillende manieren te maken: hetzij door tin tijdens het verfproces aan de rode verfstoffen meekrap of braziliëhout toe te voegen, of door te verven met saffloor – een kruid dat verbouwd werd in China, India, Perzië en Egypte – waarbij dit laatste land de belangrijkste bron was voor de import in Europa in de 18de eeuw.

←

Fan
c. 1900-25
Duvelleroy
France, Paris
Ostrich feathers, synthetic material
BK-1969-52

←

Waaier
ca. 1900-1925
Duvelleroy
Frankrijk, Parijs
Struisvogelveer, kunststof
BK-1969-52

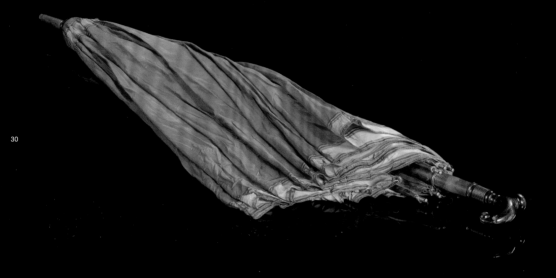

Umbrella
c. 1835-50
Netherlands
Silk, iron, brass, horn
BK-1979-4

Paraplu
ca. 1835-1850
Nederland
Zijde, ijzer, koper, hoorn
BK-1979-4

Cashmere shawl
c. 1815-20
France?
Silk, cotton
BK-1978-303

Kasjmiersjaal
ca. 1815-1820
Frankrijk?
Zijde, katoen
BK-1978-303

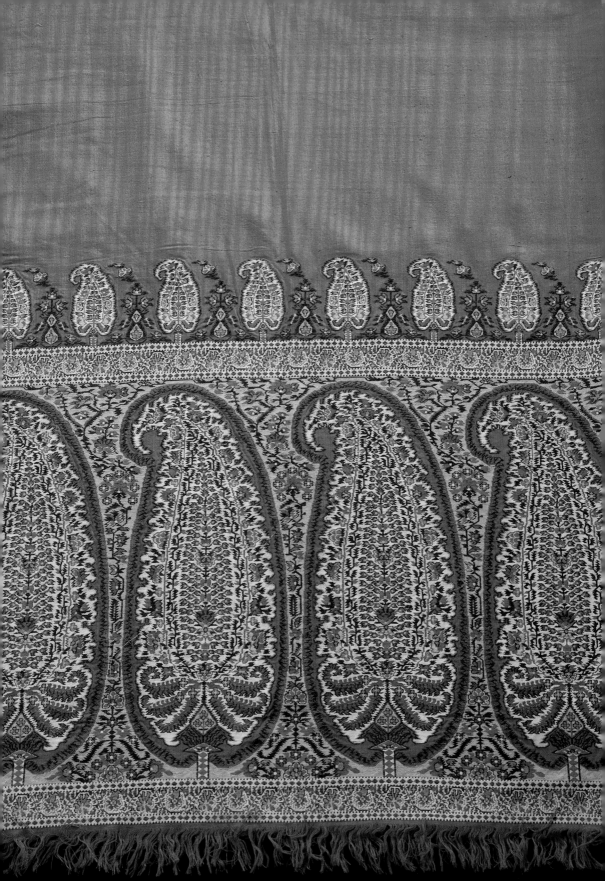

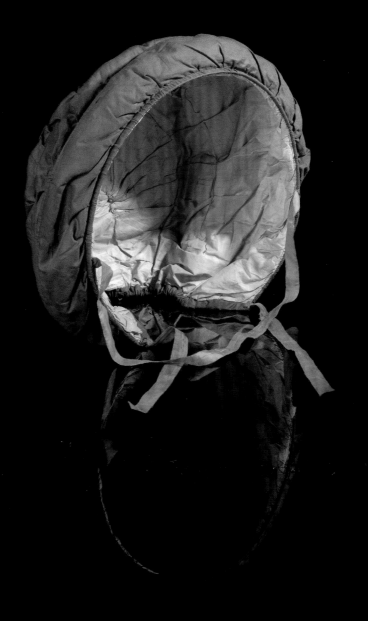

Calèche
c. 1775-83
Netherlands
Cotton, satin, whalebone
BK-NM-5585

Calèche
ca. 1775-1783
Nederland
Katoen, satijn, balein
BK-NM-5585

Evening bag
1929-30
Hermès
France, Paris
Suede, silver, marcasite, enamel,
glass, silk
BK-1985-80

Avondtas
1929-1930
Hermès
Frankrijk, Parijs
Suède, zilver, marcasiet, email,
glas, zijde
BK-1985-80

34

Cap
c. 1948-52
Elsa Schiaparelli
France, Paris
Satin, silk, tarlatan
BK-1993-84

Kapje
ca. 1948-1952
Elsa Schiaparelli
Frankrijk, Parijs
Satijn, zijde, tarlatan
BK-1993-84

Hat
c. 1902
A. Jacot
Netherlands, Amsterdam
Raffia, cotton, velvet
BK-1978-332-a

Hoed
ca. 1902
A. Jacot
Nederland, Amsterdam
Raffia, katoen, fluweel
BK-1978-332-a

36

Parasol
c. 1900-10
M. Cazal
France, Paris
Rep silk, silk, gaze de soie, tulle,
bamboo, coromandel wood,
enamel guilloché
BK-15263-a

Parasol
ca. 1900-1910
M. Cazal
Frankrijk, Parijs
Ripszijde, zijde, gaze de soie, tule,
bamboe, coromandelhout, email
guilloché
BK-15263-a

Shoes
c. 1750
Netherlands
Chamois leather, brocaded rep
silk, silk, leather, cowskin
BK-NM-9372-a

Schoenen
ca. 1750
Nederland
Zeemleer, gebrocheerde ripszijde,
zijde, leer, runderleer
BK-NM-9372-a

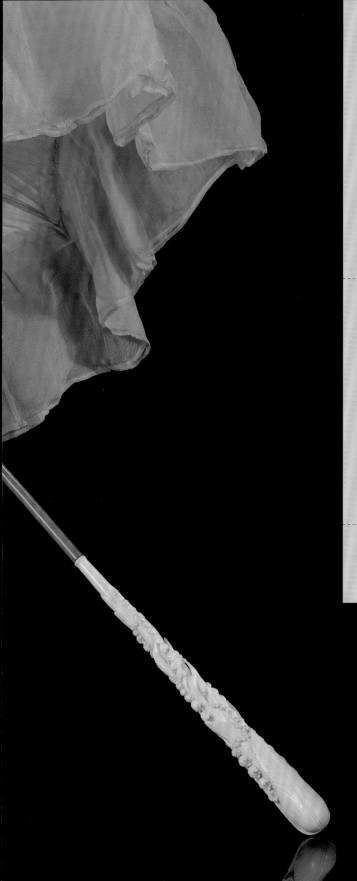

YELLOW

The colour yellow has been used since classical antiquity. The dyestuff annatto – derived from the fruit of a small tree in South and Central America – was unknown in Europe until after the discovery of South America in the 16th century. Its poor light-fastness was a major problem and guild regulations consequently prevented its commercial use. The dyestuff fustic – obtained from the heartwood of the dyer's mulberry, native to Central America – suffered from the same problem and was consequently not widely used in Europe until the 18th century. A much better dyestuff known as Persian berries came from the Near East or Persia; it is mentioned in Italian recipe books as early as the 16th century. With the introduction of quercitron or black oak into England in 1775 the earlier problems seem to have been solved. A 19th-century authority on dyeing praised it as 'the best yellow dye, preferable to fustic'. Nonetheless, the synthetic dyes of the 1860s proved to be even more stable.

GEEL

De kleur geel wordt al sinds de antieke oudheid gebruikt. De verfstof annatto – verkregen uit de vruchten van een struik of kleine boom in Zuid- en Centraal-Amerika – was echter in Europa onbekend tot na de ontdekking van Zuid-Amerika in de 16de eeuw. Zijn slechte kleurechtheid bleek een groot probleem en daarom werd het gebruik in ververijen verboden door de gilden. Ook de verfstof geelhout – verkregen uit het kernhout van de pruikenboom – uit Centraal-Amerika had dit probleem en kwam daardoor pas vanaf de 18de eeuw meer in gebruik in Europa. De veel betere verfstof Persische bessen uit het Nabije Oosten of Perzië komt al in de 16de eeuw in Italiaanse receptenboeken voor. Met de introductie van quercitron in 1775 in Engeland leken alle problemen opgelost. Een 19de-eeuwse autoriteit op het gebied van verven prees het als 'de beste gele verf, beter dan geelhout'. Maar de synthetische verfstoffen uit de jaren 1860 bleken nog kleurvaster te zijn.

Parasol
c. 1905-15
France[7]
Silk, bamboo, ivory, metal
BK-1974-63

Parasol
ca. 1905-1915
Frankrijk[7]
Zijde, bamboe, ivoor, metaal
BK-1974-63

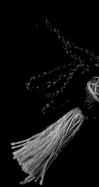

Shoes
c. 1750-85
Netherlands or France
Silk, rep silk, leather, linen, leather
BK-1958-30

Schoenen
ca. 1750-1785
Nederland of Frankrijk
Zijde, ripszijde, leer, linnen,
runderleer
BK-1958-30

Bag
c. 1790-1800
Netherlands
Silk, floss silk, wood
BK-1978-400

Tas
ca. 1790-1800
Nederland
Zijde, vloszijde, hout
BK-1978-400

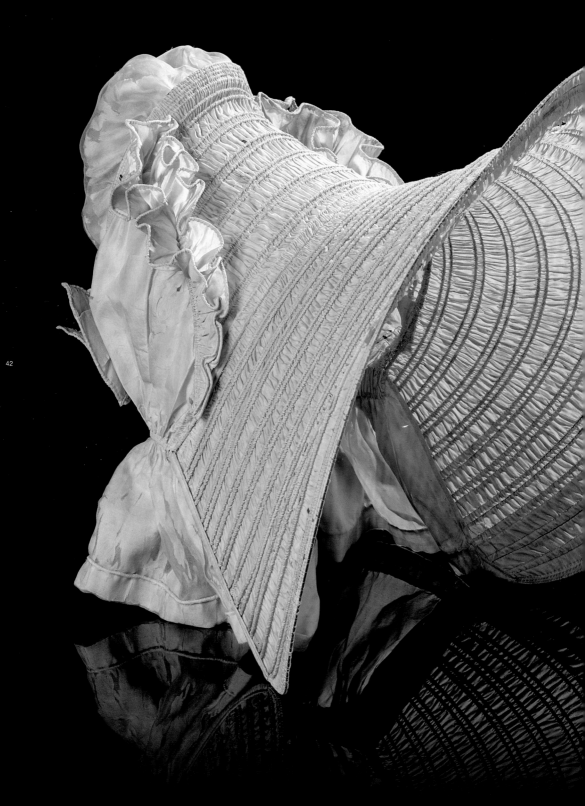

Poke bonnet
c. 1825-35
Netherlands
Taffeta, laiton thread
BK-TN-154

Luifelhoed
ca. 1825-1835
Nederland
Tafzijde, laitondraad
BK-TN-154

Parasol
c. 1900-10
France, Paris
M. Cazal
Rep silk, silk, gaze de soie, tulle,
bamboo, coromandel wood,
enamel guilloché
BK-15263-a

Parasol
ca. 1900-1910
Frankrijk, Parijs
M. Cazal
Ripszijde, zijde, gaze de soie, tule,
bamboe, coromandelhout, email
guilloché
BK-15263-a

Shoes
c. 1760-75
Netherlands
Silk, silver, linen, leather, goatskin
BK-KOG-1280-11-a

Schoenen
ca. 1760-1775
Nederland
Zijde, zilver, linnen, runderleer,
geitenleer
BK-KOG-1280-11-a

Shawl
c. 1907-10
Cornelia Elisabeth Siewertsz van
Reesema
Netherlands, Arnhem
Silk
BK-1967-119

Sjaal
ca. 1907-1910
Cornelia Elisabeth Siewertsz van
Reesema
Nederland, Arnhem
Zijde
BK-1967-119

44

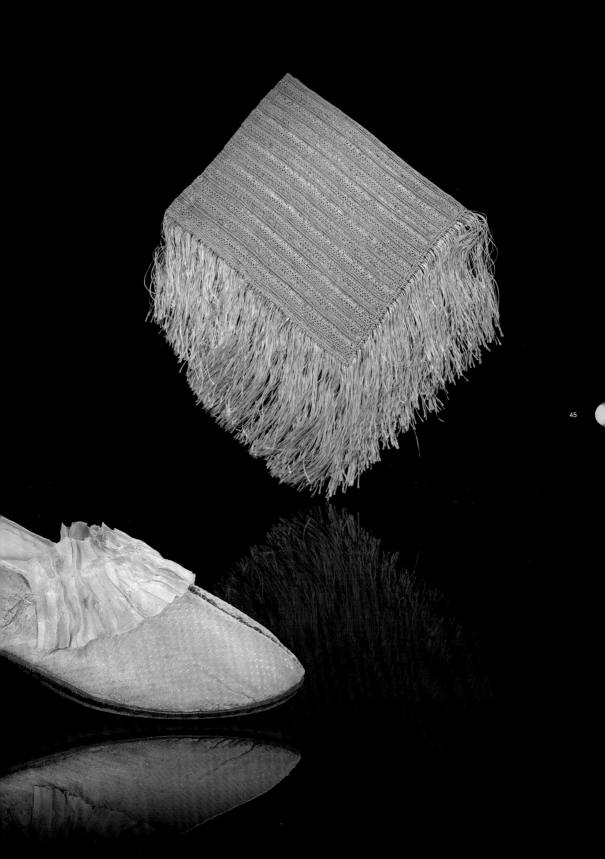

46

Shoes
c. 1550-75
Netherlands
Velvet, leather, floss silk
BK-NM-7420

Schoenen
ca. 1550-1575
Nederland
Fluweel, runderleer, vloszijde
BK-NM-7420

Shawl
c. 1810-20
Netherlands?
Crêpe Georgette
V-15016

Sjaal
ca. 1810-1820
Nederland?
Crêpe Georgette
V-15016

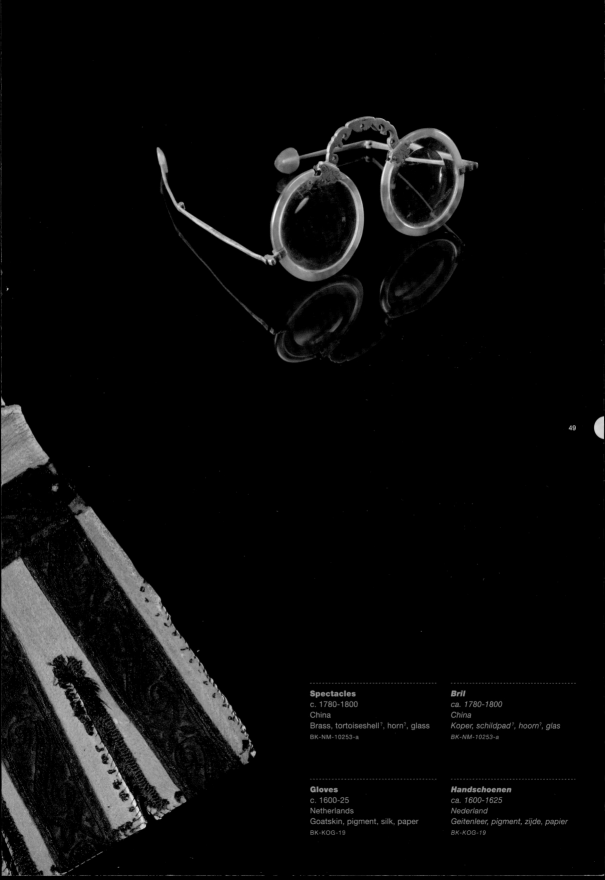

Spectacles
c. 1780-1800
China
Brass, tortoiseshell[?], horn[?], glass
BK-NM-10253-a

Bril
ca. 1780-1800
China
Koper, schildpad[?], hoorn[?], glas
BK-NM-10253-a

Gloves
c. 1600-25
Netherlands
Goatskin, pigment, silk, paper
BK-KOG-19

Handschoenen
ca. 1600-1625
Nederland
Geitenleer, pigment, zijde, papier
BK-KOG-19

Handbag
c. 1940
Africa or Indonesia
Snake skin, tack leather, vlax,
metal
BK-1984-110

Tas
ca. 1940
Afrika of Indonesië
Slangenleer, tuigleer, vlas, metaal
BK-1984-110

Boater
before 1891
K. Booy
Netherlands, Purmerend
Straw, rep silk ribbon, cotton, silk
BK-1973-435

Matelot
vóór 1891
K. Booy
Nederland, Purmerend
Bandstro, ripslint, katoen, zijde
BK-1973-435

53

Cashmere shawl
c. 1800-25
Scotland, Edinburgh or Paisley
Silk, cotton
BK-1963-52

Kasjmiersjaal
ca. 1800-1825
Schotland, Edinburgh of Paisley
Zijde, katoen
BK-1963-52

Folding fan
1907
Rica Palache
Netherlands, Amsterdam
Mother-of-pearl, cotton, crêpe de
Chine, gold
BK-1978-862

Vouwwaaier
1907
Rica Palache
Nederland, Amsterdam
Parelmoer, katoen, crêpe de
Chine, goud
BK-1978-862

Purse
c. 1675-1700
Netherlands
Silk, silver, shells, bezoar
.BK-NM-8535

Buidel
ca. 1675-1700
Nederland
Zijde, zilver, schelpen, bezoar
BK-NM-8535

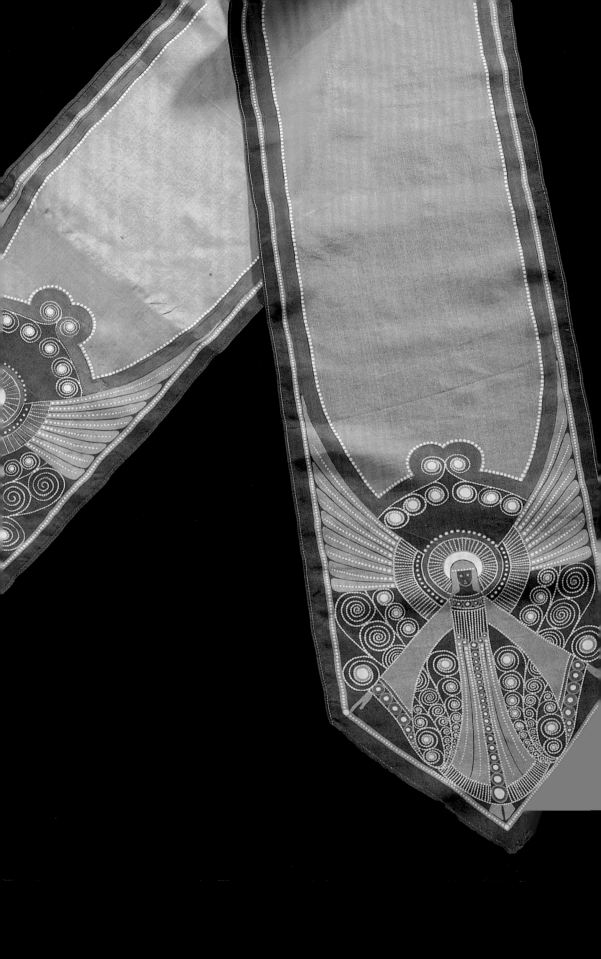

Shawl	*Sjaal*	Fire screen	*Vuurscherm*
c. 1900-10	*ca. 1900-1910*	c. 1688-1720	*ca. 1688-1720*
Chris Lebeau	*Chris Lebeau*	J. Teyler	*J. Teyler*
Netherlands	*Nederland*	Netherlands	*Nederland*
Silk, pigment	*Zijde, verfstof*	Canvas, wood, wool, printing ink	*Canvas, hout, wol, drukinkt*
BK-1992-15	*BK-1992-15*	BK-NM-3152	*BK-NM-3152*

Drawstring purse
c. 1910
Netherlands, Amsterdam
Silk, floss silk
BK-1987-64

Buidel
ca. 1910
Nederland, Amsterdam
Zijde, vloszijde
BK-1987-64

Mittens
c. 1800-25
Netherlands
Silk
BK-1978-378

Mitaines
ca. 1800-1825
Nederland
Zijde
BK-1978-378

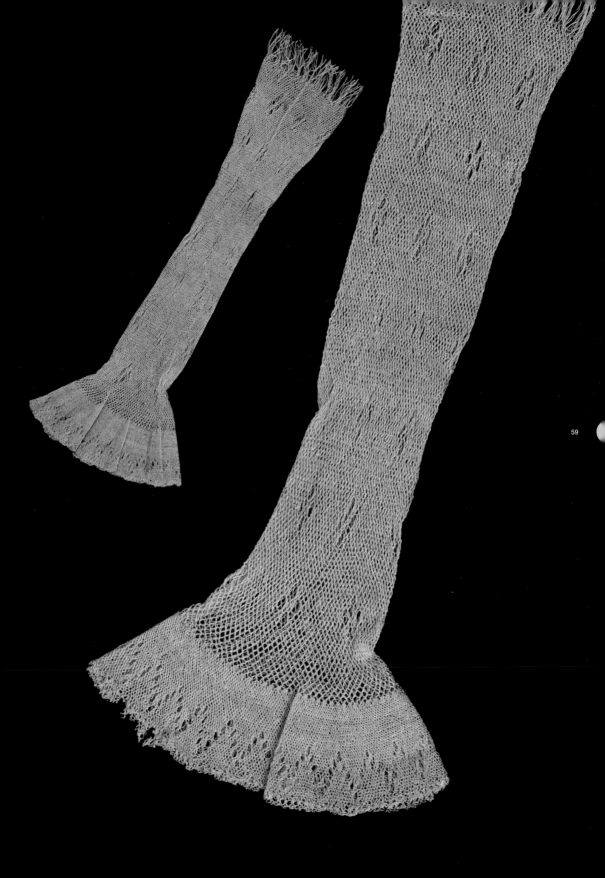

GOLD

Gold has been associated with status and wealth ever since it was discovered. Rulers throughout the world have emphasized their majesty with golden crowns and jewellery, while courtiers indulged themselves with expensively brocaded silks or gold embroidery. Many of the sumptuary laws are testament to the desire for exclusivity. Despite this, substitutes could be found. For instance, fustic dye used with a chrome mordant gave a beautiful gold colour to any fabric, as did turmeric or curcuma. Objects could be made to look like gold by covering them with a very thin layer of gold leaf. With the right tools, gold of varying purity can be beaten to a thickness of one thousandth of a millimetre. An early discovery was that silk threads could be sheathed with narrow strips of gold and used for embroidery. These threads would be laid out in a pattern on top of the fabric and then stitched on invisibly. From the 17th century on they were also used to make lace.

GOUD

Vanaf de ontdekking is goud altijd geassocieerd met status en rijkdom. Heersers over de hele wereld hebben zich uitgedost met gouden kronen en juwelen, terwijl hovelingen hun verlangens botvierden op kostbare zijde-brokaten of goudborduursels. De talloze weeldewetten getuigen van deze wens naar exclusiviteit. Maar, gelukkig bestonden er substituten. Bijvoorbeeld geelhout in combinatie met chroom kon elke stof mooi goudgeel maken. Net zoals kurkuma. Voorwerpen konden ook als goud gemaakt worden door ze te bedekken met een dunne laag bladgoud. Met de juiste gereedschappen kan goud van verschillende zuiverheid uitgedund worden tot éénduizendste millimeter. Al vroeg had men ontdekt dat smalle stroken dun goud om zijden draden gewonden konden worden en daarna gebruikt voor borduurwerk. Deze draden werden op de stof in het gewenste patroon gelegd en daarna onzichtbaar vastgenaaid. Vanaf de 17de eeuw werden ze ook gebruikt voor het klossen van kant.

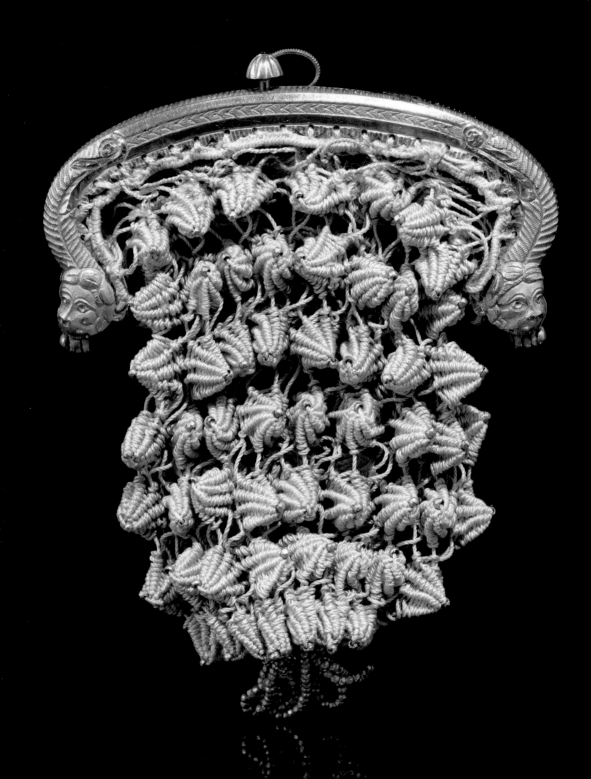

Framed purse
c. 1830
Netherlands, Rotterdam
Gold, silk
BK-NM-12905-b

Beurs
ca. 1830
Nederland, Rotterdam
Goud, zijde
BK-NM-12905-b

Walking stick handle, signet
stamp
1751
Zacharie Neau & Jean Naudin
Netherlands, Amsterdam
Gold, steel
BK-1959-20

Wandelstokknop, lakstempel
1751
Zacharie Neau & Jean Naudin
Nederland, Amsterdam
Goud, staal
BK-1959-20

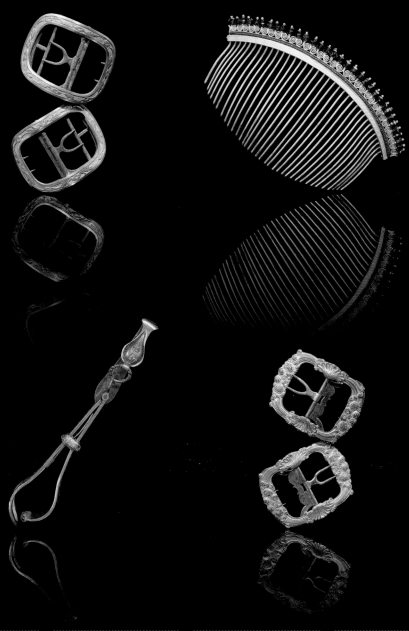

64

Shoe buckles
c. 1790
Switzerland, Geneva
Brass, gold leaf, iron
BK-1978-423

Schoengespen
ca. 1790
Zwitserland, Genève
Koper, bladgoud, ijzer
BK-1978-423

Comb
c. 1820-30
Netherlands
Garnet, brass, gold leaf, glass
BK-1986-46

Haarkam
ca. 1820-1830
Nederland
Granaat, koper, bladgoud, glas
BK-1986-46

Skirt-holder
c. 1860
England or U.S.
Brass, gold leaf, velvet
BK-1984-62

Sleephouder
ca. 1860
Engeland of Verenigde Staten
Koper, bladgoud, fluweel
BK-1984-62

Shoe buckles
c. 1750-70
Netherlands
Brass, gold leaf, iron
BK-1978-407

Schoengespen
ca. 1750-1770
Nederland
Koper, bladgoud, ijzer
BK-1978-407

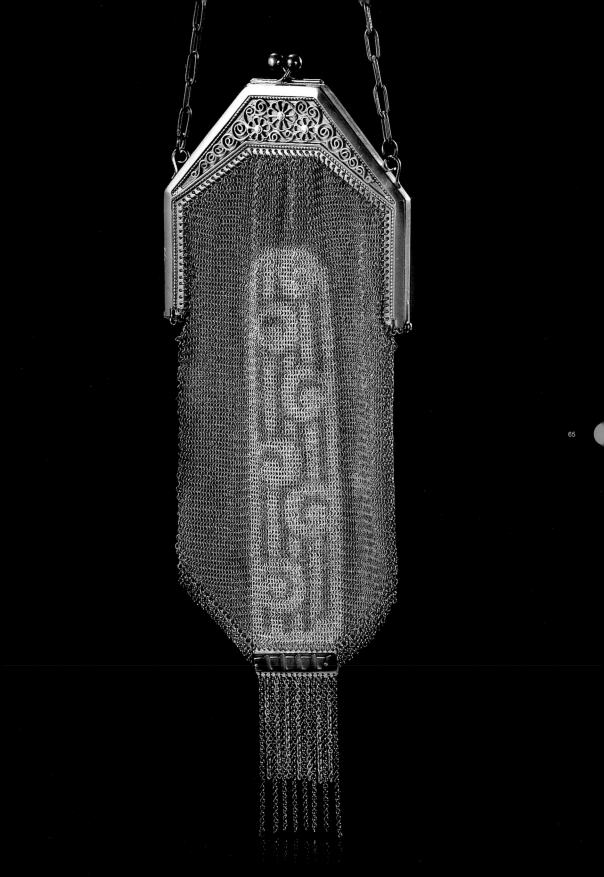

Handbag
c. 1900-10
Netherlands or Germany
Iron, alpaca, ebony
BK-2001-30

Beugeltas
ca. 1900-1910
Nederland of Duitsland
IJzer, alpaca, ebbenhout
BK-2001-30

Spectacle case
c. 1710-25
Netherlands, Leiden
Paper, leather, gold leaf, marbled
paper, brass, velvet
BK-NM-6060

Brillendoos
ca. 1710-1725
Nederland, Leiden
Papier, leer, bladgoud,
marmerpapier, koper, fluweel
BK-NM-6060

Defe Vergroot-Glafen met haar toebel
in d'Oofterfe Lamp by JAN VA

n werden gemaakt tot LEYDEN
MUSSCHENBROEK.

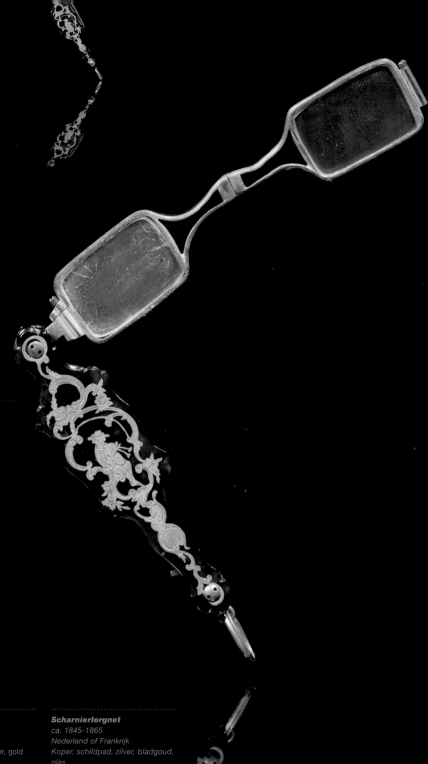

Hinged lorgnette
c. 1845-65
Netherlands or France
Brass, tortoiseshell, silver, gold
leaf, glass
BK-1959-67

Scharnierlorgnet
ca. 1845-1865
Nederland of Frankrijk
Koper, schildpad, zilver, bladgoud,
glas
BK-1959-67

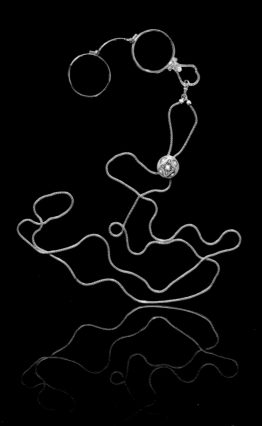

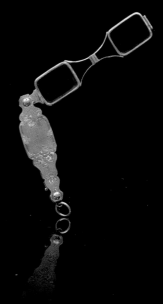

Spring lorgnette
c. 1830-40
Netherlands[?]
Gold, glass
BK-16593

Lorgnet
ca. 1830-1840
Nedèrland[?]
Goud, glas
BK-16593

Hinged lorgnette
c. 1845-65
Netherlands
Gold, glass
BK-NM-12895

Scharnierlorgnet
ca. 1845-1865
Nederland
Goud, glas
BK-NM-12895

Drawstring purse
c. 1600-25
Netherlands
Velvet, ruby, freshwater pearl, floss
silk, gold thread, gold
BK-NM-11110

Buidel
ca. 1600-1625
Nederland
Fluweel, robijn, zoetwaterparel,
vloszijde, gouddraad, goud
BK-NM-11110

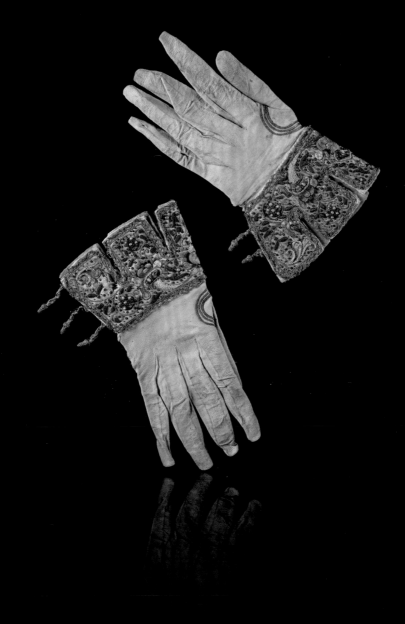

72

Gloves
c. 1600-25
Netherlands
Calfskin, silk, floss silk, freshwater
pearl, silver thread, gold thread
BK-NM-2921

Handschoenen
ca. 1600-1625
Nederland
Kalfsleer, zijde, vloszijde,
zoetwaterparel, zilverdraad,
gouddraad

Gloves
c. 1622
Netherlands, Ámsterdam
Kid, silk, gold thread, gold leaf,
wood
BK-1978-48

Handschoenen
ca. 1622
Nederland, Amsterdam
Wasleer, zijde, gouddraad,
bladgoud, hout
BK-1978-48

Folding fan
c. 1780
Netherlands
Paper, ivory, watercolour, gold leaf,
wood, foil, paste
BK-1958-31

Vouwwaaier
ca. 1780
Nederland
Papier, ivoor, waterverf, bladgoud,
hout, folie, stras
BK-1958-31

Parasol
c. 1700-40
France or Netherlands
Wood, silk, gold thread, vellum,
gold leaf
BK-NM-9246

Parasol
ca. 1700-1740
Frankrijk of Nederland
Hout, zijde, gouddraad,
perkament, bladgoud
BK-NM-9246

Brisé fan
c. 1720
China, Canton or Netherlands
Ivory, tempera, gold paint,
tortoiseshell, rep, mother-of-pearl,
brass
BK-1993-8

Briséwaaier
ca. 1720
China, Kanton of Nederland
Ivoor, tempera, goudverf,
schildpad, rips, parelmoer, koper
BK-1993-8

78

Walking stick
c. 1775-1800
Netherlands?
Narwhal tooth, brass, gold leaf
BK-NM-7119

Wandelstok
ca. 1775-1800
Nederland?
Narwaltand, koper, bladgoud
BK-NM-7119

Drawstring purse
c. 1680-1715
France?
Gold thread, silver thread, silk
BK-NM-8601

Buidel
ca. 1680-1715
Frankrijk?
Gouddraad, zilverdraad, zijde
BK-NM-8601

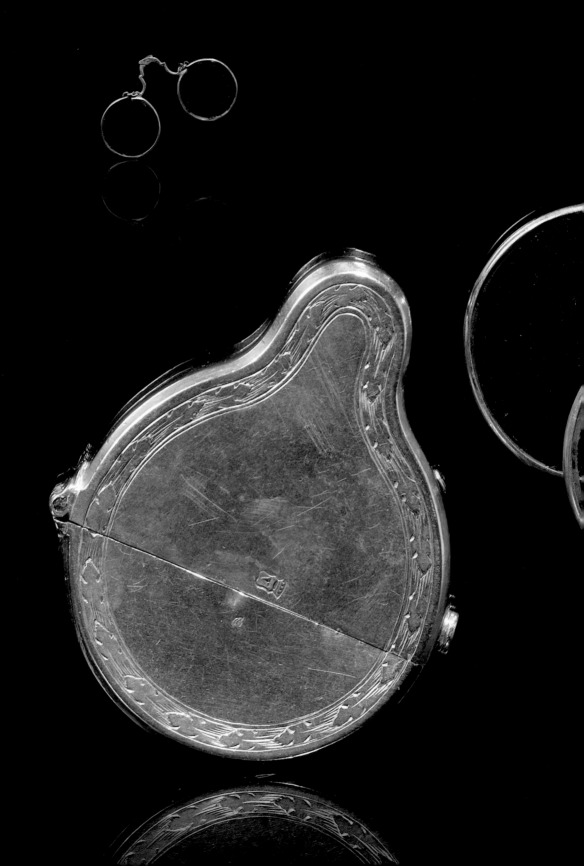

SILVER

With Christmas at the heart of the festive season, this is now the time when we indulge in silver accessories. In the late 19th and early 20th century it was only the upper classes who dressed formally for balls, concerts, theatre and even dinner. Silver leather or brocade shoes and handbags featured prominently. Although the Netherlands had had a long tradition in the production of gold and silver leather going back to the 17th century, this leather was used to decorate walls. Shoes and bags became accessible to far more people in the second half of the 19th century, when the development of chrome leather enabled them to be made on a large scale. Elegant shawls decorated with silver, called 'lamé', were very popular in the 1920s. They had their origins in 18th-century India, where small silver plates known as 'lama', were finger-pressed or tapped with a small hammer on to muslin or tulle to create a decorative pattern. These shawls and fabrics were later imported into Europe.

ZILVER

Omdat we ons vooral rond Kerstmis feestelijk kleden is dat tegenwoordig hét moment voor zilveren accessoires. Aan het einde van de 19de en het begin van de 20ste eeuw waren het vooral de bovenste lagen van de bevolking die in avondkleding naar feesten, concerten, het theater of een diner gingen. Zilverleren of -brokaten schoenen en tassen maakten het geheel af. Hoewel de Nederlanden een lange traditie kenden in de productie van goud- en zilverleer die in de 17de eeuw was begonnen, werd dit leer vooral als wandbespanning gebruikt. Schoenen en tassen waren afhankelijk van de ontwikkeling van het chroomleer in de tweede helft van de 19de eeuw, waardoor ze op grote schaal gemaakt konden worden. Erg geliefd in de jaren '20 waren elegante sjaals versierd met zilver, dat lamé werd genoemd. Oorspronkelijk is dit ontstaan in India in de 18de eeuw, waar kleine zilveren plaatjes of 'lama' met de hand of met een hamertje in de mousseline of tule werden gedrukt of geslagen en zo een decoratief patroon vormden. Deze sjaals en stoffen werden later in Europa geïmporteerd.

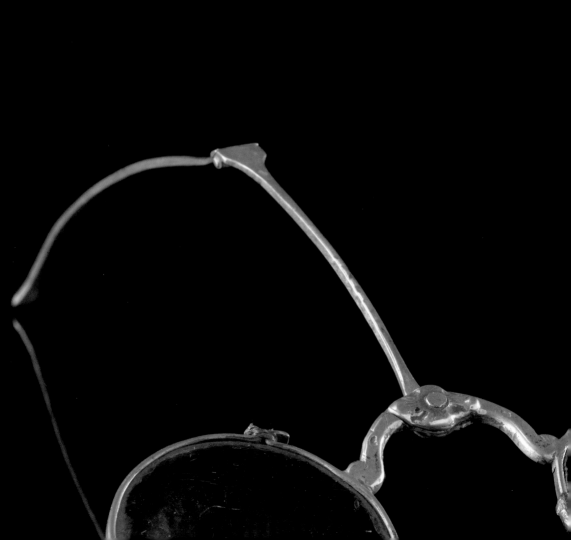

Hinged spectacles
c. 1790?
Netherlands?
Silver, glass
BK-NM-864-a

Scharnierbril
ca. 1790?
Nederland?
Zilver, glas
BK-NM-864-a

Forehead spectacles
c. 1675-1775
Netherlands or Germany
Silver, glass
BK-NM-11072

Voorhoofdsbril
ca. 1675-1775
Nederland of Duitsland
Zilver, glas
BK-NM-11072

Spectacles with blue glasses
c. 1830-60
Firm A. van Emden
Netherlands, Amsterdam
Steel, glass, lacquer
BK-1978-429

Bril met blauwe glazen
ca. 1830-1860
Fa. A. van Emden
Nederland, Amsterdam
Staal, glas, lak
BK-1978-429

Spectacles
c. 1830-1900
Netherlands?
Iron, glass
V-14873

Bril
ca. 1830-1900
Nederland?
IJzer, glas
V-14873

Pince-nez
c. 1610-58
Netherlands
Silver, glass
NG-NM-35

Knijpbril
ca. 1610-1658
Nederland
Zilver, glas
NG-NM-35

Strap shoes
1928
Switzerland and Netherlands
Bally
Silk, silver thread, metal, rep silk,
cotton, felt, leather
BK-1984-95

Bandschoenen
1928
Zwitserland en Nederland
Bally
Zijde, zilverdraad, metaal, ripszijde,
katoen, vilt, leer
BK-1984-95

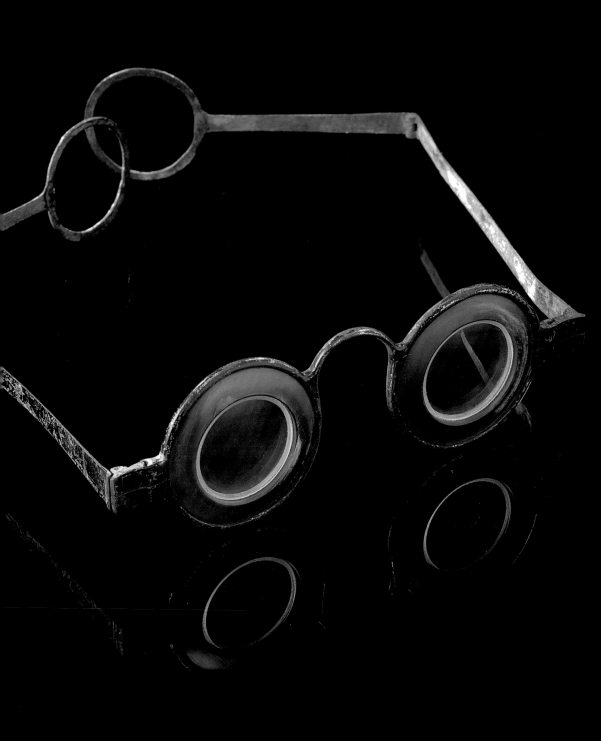

**Spectacles with hinged
temples**
c. 1800-50
Netherlands
Iron, glass, lacquer
BK-NM-10251-b

Bril met scharnierende benen
ca. 1800-1850
Nederland
IJzer, glas, lak
BK-NM-10251-b

Ringside spectacles
c. 1700-1800
Netherlands
Iron, glass
BK-NM-10251-a

Slapenbril
ca. 1700-1800
Nederland
IJzer, glas
BK-NM-10251-a

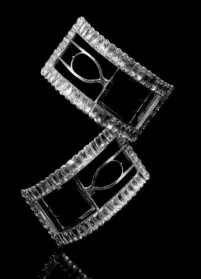

Shoe buckle
c. 1775-1800
Netherlands
Silver, paste, iron
BK-NM-9820

Schoengesp
ca. 1775-1800
Nederland
Zilver, stras, ijzer
BK-NM-9820

Shoe buckles
c. 1790-1800
Netherlands
Silver, paste, brass, gold leaf, steel
BK-14454

Schoengespen
ca. 1790-1800
Nederland
Zilver, stras, koper, bladgoud, staal
BK-14454

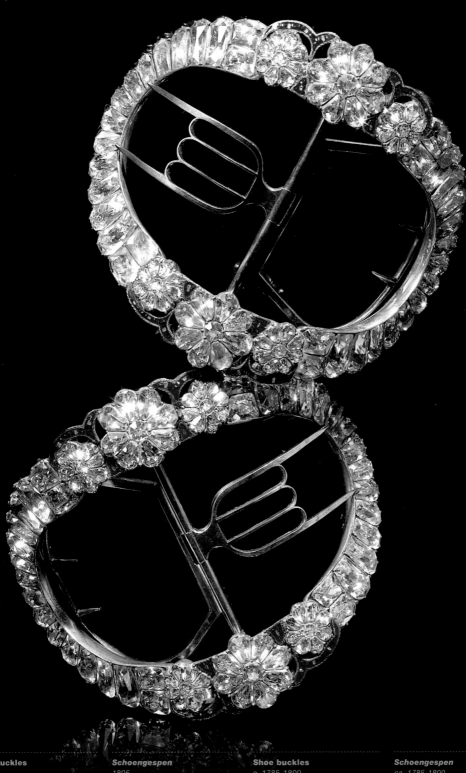

Shoe buckles
1805
J. Labberton
Netherlands, Schoonhoven
Silver
BK-NM-13207-b

Schoengespen
1805
J. Labberton
Nederland, Schoonhoven
Zilver
BK-NM-13207-b

Shoe buckles
c. 1785-1800
Netherlands
Silver, crystal, enamel
BK-NM-14108

Schoengespen
ca. 1785-1800
Nederland
Zilver, bergkristal, email
BK-NM-14108

Umbrella
1909
J.C. Vickery
England, London
Maple, silk, metal, brass, gold leaf
BK-1984-158

Paraplu
1909
J.C. Vickery
Engeland, Londen
Esdoornhout, zijde, metaal, koper,
bladgoud
BK-1984-158

90

Walking stick
c. 1775-1800
Netherlands
Cane, silver, brass
BK-14918

Wandelstok
ca. 1775-1800
Nederland
Rotan, zilver, koper
BK-14918

Ice stick
c. 1790-1815
Netherlands
Maple (painted), boxwood, ivory,
silver, brass, brass
BK-14919

IJsstok
ca. 1790-1815
Nederland
Esdoornhout (gekleurd),
buxushout, ivoor, zilver, koper,
messing
BK-14919

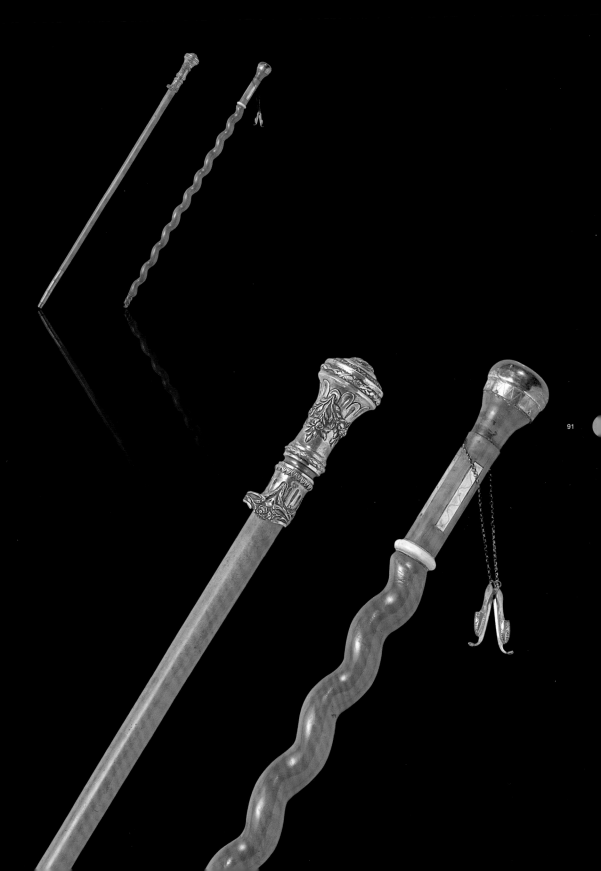

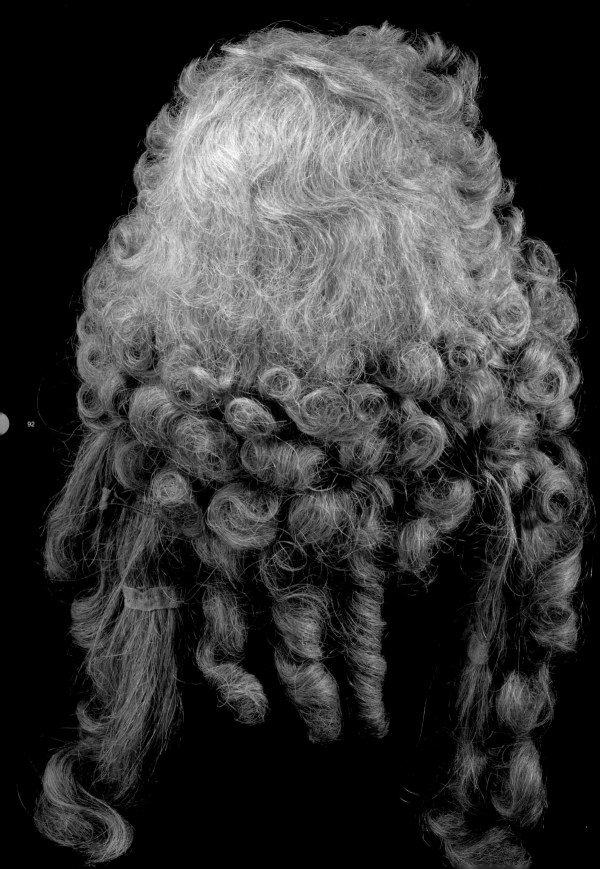

Wig	*Pruik*	Parasol	*Parasol*
c. 1700-20	*ca. 1700-1720*	c. 1890-1900	*ca. 1890-1900*
Netherlands	*Nederland*	Netherlands?	*Nederland?*
Human hair, wheat flour, flax, linen	*Mensenhaar, tarwemeel, vlas, linnen*	Satin, pongé silk, ivory	*Satijn, pongézijde, ivoor*
BK-NM-8515	*BK-NM-8515*	BK-14689	*BK-14689*

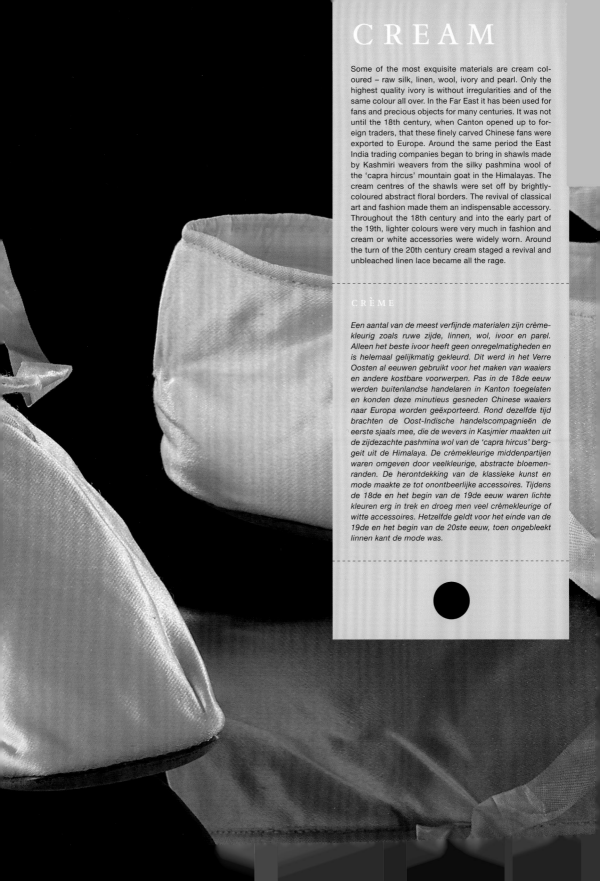

CREAM

Some of the most exquisite materials are cream coloured – raw silk, linen, wool, ivory and pearl. Only the highest quality ivory is without irregularities and of the same colour all over. In the Far East it has been used for fans and precious objects for many centuries. It was not until the 18th century, when Canton opened up to foreign traders, that these finely carved Chinese fans were exported to Europe. Around the same period the East India trading companies began to bring in shawls made by Kashmiri weavers from the silky pashmina wool of the 'capra hircus' mountain goat in the Himalayas. The cream centres of the shawls were set off by brightly-coloured abstract floral borders. The revival of classical art and fashion made them an indispensable accessory. Throughout the 18th century and into the early part of the 19th, lighter colours were very much in fashion and cream or white accessories were widely worn. Around the turn of the 20th century cream staged a revival and unbleached linen lace became all the rage.

CRÈME

Een aantal van de meest verfijnde materialen zijn crème-kleurig zoals ruwe zijde, linnen, wol, ivoor en parel. Alleen het beste ivoor heeft geen onregelmatigheden en is helemaal gelijkmatig gekleurd. Dit werd in het Verre Oosten al eeuwen gebruikt voor het maken van waaiers en andere kostbare voorwerpen. Pas in de 18de eeuw werden buitenlandse handelaren in Kanton toegelaten en konden deze minutieus gesneden Chinese waaiers naar Europa worden geëxporteerd. Rond dezelfde tijd brachten de Oost-Indische handelscompagnieën de eerste sjaals mee, die de wevers in Kasjmier maakten uit de zijdezachte pashmina wol van de 'capra hircus' berg-geit uit de Himalaya. De crèmekleurige middenpartijen waren omgeven door veelkleurige, abstracte bloemen-randen. De herontdekking van de klassieke kunst en mode maakte ze tot onontbeerlijke accessoires. Tijdens de 18de en het begin van de 19de eeuw waren lichte kleuren erg in trek en droeg men veel crèmekleurige of witte accessoires. Hetzelfde geldt voor het einde van de 19de en het begin van de 20ste eeuw, toen ongebleekt linnen kant de mode was.

Tassel	*Aker*	**Slippers**	*Schoenen*
c. 1610-30	*ca. 1610-1630*	c. 1810	*ca. 1810*
Netherlands	*Nederland*	H.W. Berenbak	*H.W. Berenbak*
Linen	*Linnen*	Netherlands, The Hague	*Nederland, Den Haag*
BK-NM-5448-5-a	*BK-NM-5448-5-a*	Silk, leather, paper, printing ink	*Zijde, leer, papier, drukinkt*

98

Carriage parasol
c. 1880-1900
Belgium, Brussels
Silk, ivory, brass
BK-1991-24

Rijtuigparasol
ca. 1880-1900
België, Brussel
Zijde, ivoor, koper
BK-1991-24

Cashmere shawl
c. 1820-30
Scotland, Paisley?
Wool, silk
BK-1978-802

Kasjmiersjaal
ca. 1820-1830
Schotland, Paisley?
Wol, zijde
BK-1978-802

100

Folding fan
c. 1750
France or Netherlands
Vellum, water colour, mother-of-
pearl, glass
BK-16695

Vouwwaaier
ca. 1750
Frankrijk of Nederland
Perkament, waterverf, parelmoer,
glas
BK-16695

Folding fan
c. 1890-1900
de Snessoog: signed
Germany, Frankfurt am Main or
Baden Baden
Organza, tempera, linen, mother-
of-pearl, brass, silk
BK-18879

Vouwwaaier
ca. 1890-1900
de Snessoog: gesigneerd
Duitsland, Frankfurt am Main of
Baden Baden
Organza, tempera, linnen,
parelmoer, koper, zijde
BK-18879

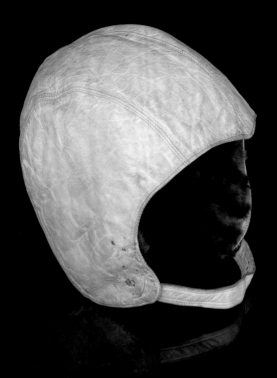

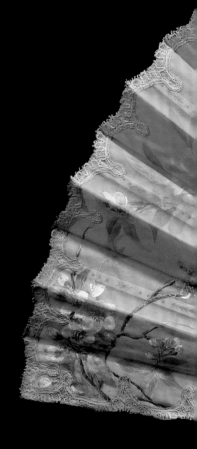

102

Driving cap
c. 1900-25
Netherlands
Leather, ocelot fur, metal
BK-1984-92

Motormuts
ca. 1900-1925
Nederland
Runderleer, ocelotbont, metaal
BK-1984-92

Folding fan
c. 1890-1900
Weduwe W. van der Hulst
Netherlands, Amsterdam
Batiste, lace, gouache, mother-of-
pearl, oil paint, bone, brass
BK-1954-55

Vouwwaaier
ca. 1890-1900
Weduwe W. van der Hulst
Nederland, Amsterdam
Batist, kant, gouache, parelmoer,
olieverf, been, koper
BK-1954-55

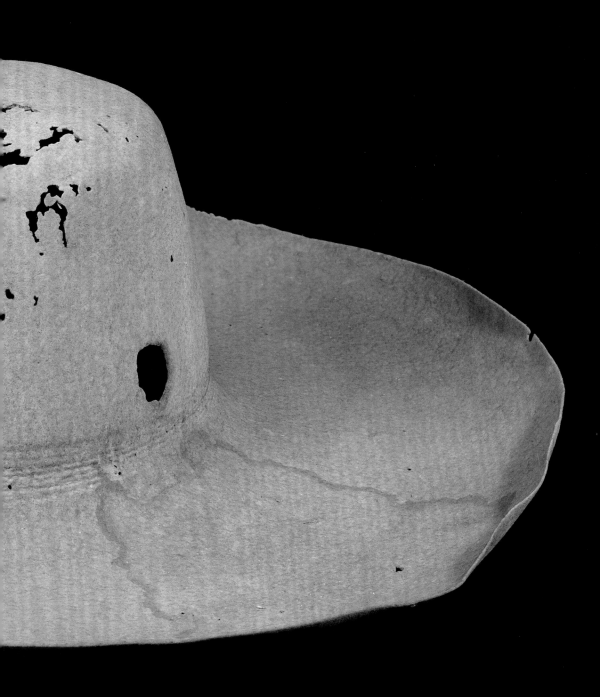

Hat
c. 1630-40
Netherlands
Fur felt
NG-NM-7445

Hoed
ca. 1630-1640
Nederland
Haarvilt
NG-NM-7445

Drawstring purse
before 1922
Cornelia Elisabeth Siewertsz
van Reesema
Netherlands
Silk, silver thread
BK-TN-2631

Buidel
vóór 1922
Cornelia Elisabeth Siewertsz
van Reesema
Nederland
Zijde, zilverdraad
BK-TN-2631

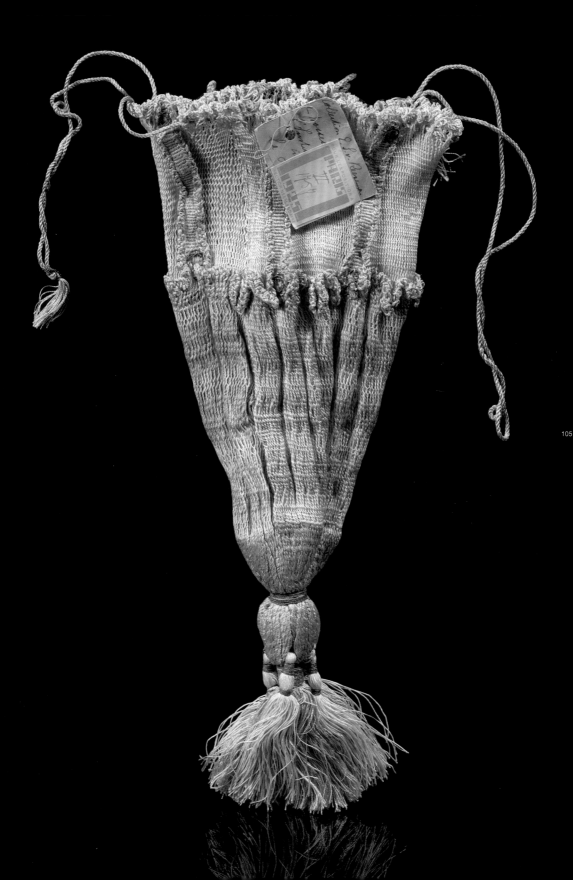

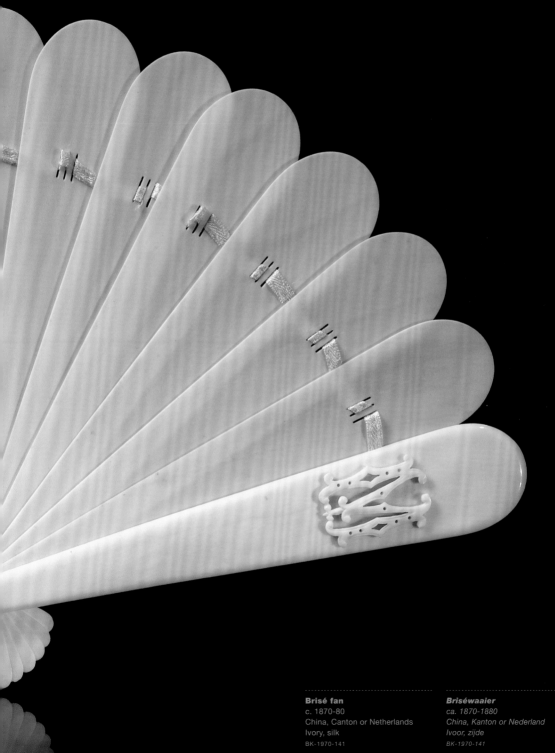

Brisé fan
c. 1870-80
China, Canton or Netherlands
Ivory, silk
BK-1970-141

Briséwaaier
ca. 1870-1880
China, Kanton or Nederland
Ivoor, zijde
BK-1970-141

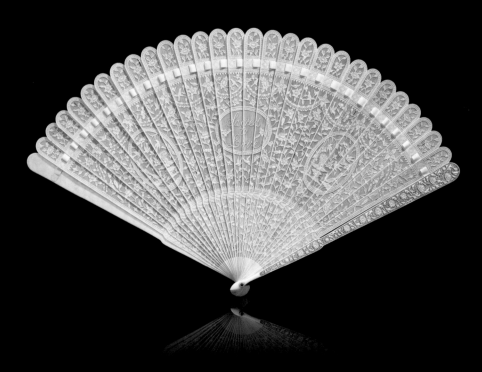

Brisé fan
after 1790
England or Italy
Ivory, watercolour, steel, silver,
glass
BK-1960-57

Briséwaaier
na 1790
Engeland of Italië
Ivoor, waterverf, staal, zilver, glas
BK-1960-57

Brisé fan
c. 1780-90
China, Canton
Ivory, cotton, mother-of-pearl,
brass
BK-NM-7007

Briséwaaier
ca. 1780-1790
China, Kanton
Ivoor, katoen, parelmoer, koper
BK-NM-7007

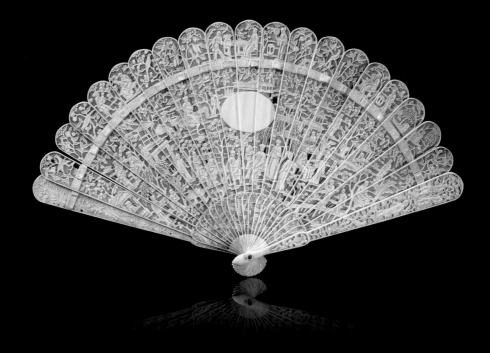

Brisé fan
1795
China, Canton
Ivory, gouache, gold leaf
AK-RAK-2003-9

Briséwaaier
1795
China, Kanton
Ivoor, gouache, bladgoud
AK-RAK-2003-9

Brisé fan
c. 1800-20
China, Canton
Ivory
BK-1978-325

Briséwaaier
ca. 1800-1820
China, Kanton
Ivoor
BK-1978-325

110

Posy holder
c. 1820-30
Netherlands[7]
Ivory, steel
BK-2002-2

Boekethouder
ca. 1820-1830
Nederland[7]
Ivoor, staal
BK-2002-2

Glove stretcher
c. 1910
Netherlands[?]
Ivory
BK-1967-81-e

Handschoenrekker
ca. 1910
Nederland[?]
Ivoor
BK-1967-81-e

Signet stamp
c. 1880
Netherlands[?]
Ivory, silver
BK-1971-88

Lakstempel
ca. 1880
Nederland[?]
Ivoor, zilver
BK-1971-88

Parasol
c. 1900
China, Canton or Netherlands
Linen, silk, satin, painted maple,
ivory, horn
BK-14691

Parasol
ca. 1900
China, Kanton of Nederland
Linnen, zijde, satijn, geverfd
esdoornhout, ivoor, hoorn
BK-14691

114

Purse
c. 1860-1900
Italy[?]
Ivory, brass, leather, moiré silk
BK-1978-402

Portemonnee
ca. 1860-1900
Italië[?]
Ivoor, koper, leer, moirézijde
BK-1978-402

Parasol
c. 1896-1910
Brigg & Sons
France, Paris
Ivory, gold leaf, brass
BK-1980-5

Parasol
ca. 1896-1910
Brigg & Sons
Frankrijk, Parijs
Ivoor, bladgoud, koper
BK-1980-5

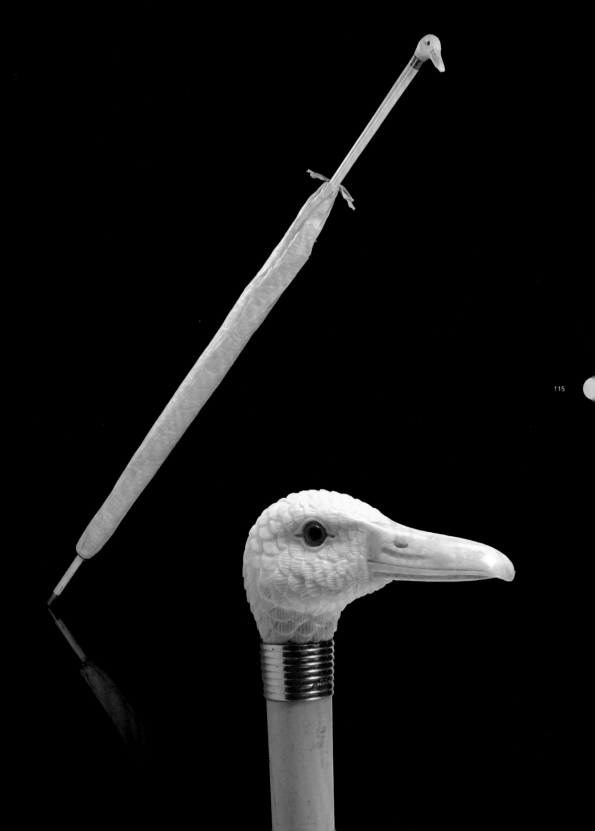

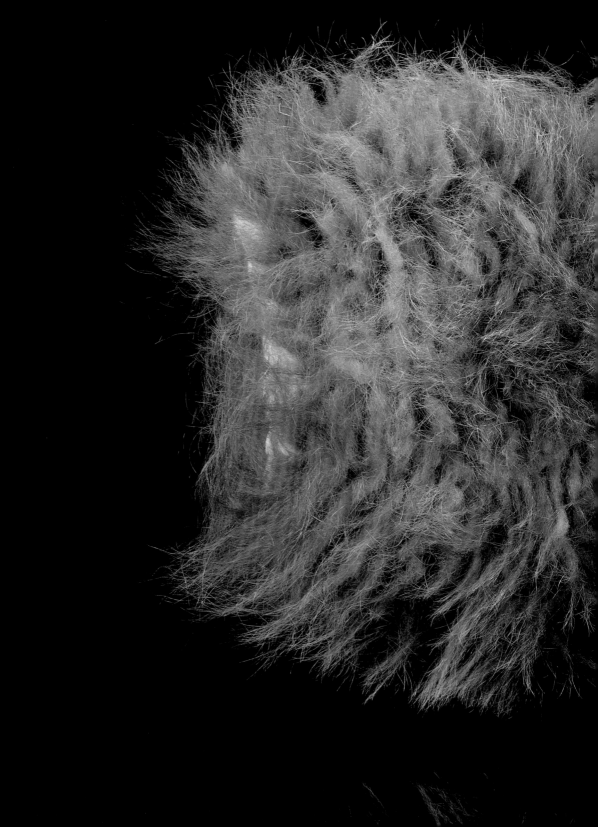

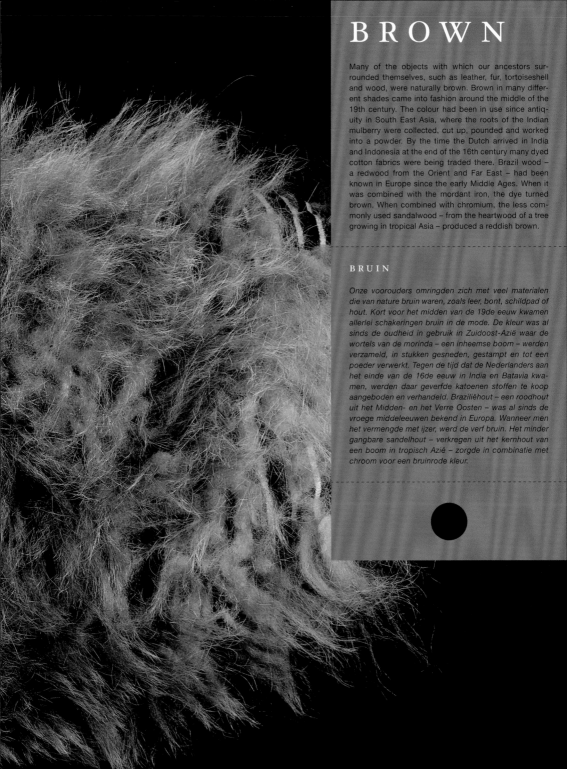

BROWN

Many of the objects with which our ancestors sur-
rounded themselves, such as leather, fur, tortoiseshell
and wood, were naturally brown. Brown in many different shades came into fashion around the middle of the
19th century. The colour had been in use since antiquity in South East Asia, where the roots of the Indian
mulberry were collected, cut up, pounded and worked
into a powder. By the time the Dutch arrived in India
and Indonesia at the end of the 16th century many dyed
cotton fabrics were being traded there. Brazil wood –
a redwood from the Orient and Far East – had been
known in Europe since the early Middle Ages. When it
was combined with the mordant iron, the dye turned
brown. When combined with chromium, the less com-
monly used sandalwood – from the heartwood of a tree
growing in tropical Asia – produced a reddish brown.

BRUIN

*Onze voorouders omringden zich met veel materialen
die van nature bruin waren, zoals leer, bont, schildpad of
hout. Kort voor het midden van de 19de eeuw kwamen
allerlei schakeringen bruin in de mode. De kleur was al
sinds de oudheid in gebruik in Zuidoost-Azië waar de
wortels van de morinda – een inheemse boom – werden
verzameld, in stukken gesneden, gestampt en tot een
poeder verwerkt. Tegen de tijd dat de Nederlanders aan
het einde van de 16de eeuw in India en Batavia kwamen, werden daar geverfde katoenen stoffen te koop
aangeboden en verhandeld. Braziliëhout – een roodhout
uit het Midden- en het Verre Oosten – was al sinds de
vroege middeleeuwen bekend in Europa. Wanneer men
het vermengde met ijzer, werd de verf bruin. Het minder
gangbare sandelhout – verkregen uit het kernhout van
een boom in tropisch Azië – zorgde in combinatie met
chroom voor een bruinrode kleur.*

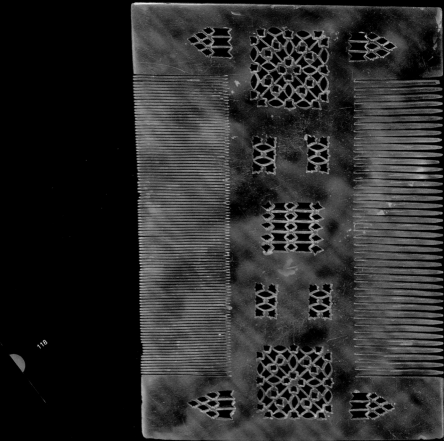

Comb
c. 1500-24
Southern Europe
Tortoiseshell
BK-NM-10768

Haarkam
ca. 1500-1524
Zuid-Europa
Schildpad
BK-NM-10768

Combs
c. 1900-10
Netherlands
Celluloid, glass, mother-of-pearl
paint
BK-2008-175

Haarkammen
ca. 1900-1910
Nederland
Celluloid, glas, parelmoerverf
BK-2008-175

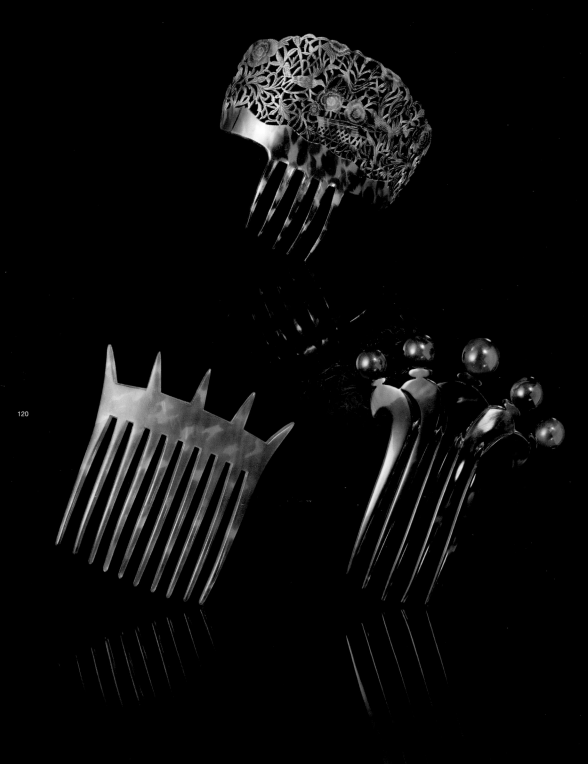

120

Comb
c. 1850-1875
Netherlands
Celluloid
BK-NM-10770-b

Haarkam
ca. 1850-1875
Nederland
Celluloid
BK-NM-10770-b

Comb
c. 1850-1875
Netherlands
Celluloid
BK-NM-10770-f

Haarkam
ca. 1850-1875
Nederland
Celluloid
BK-NM-10770-f

Comb
c. 1920-30
Spain
Celluloid
BK-1986-76

Haarkam
ca. 1920-1930
Spanje
Celluloid
BK-1986-76

Comb
c. 1830
Netherlands?
Synthetic material
BK-NM-5582

Haarkam
ca. 1830
Nederland?
Kunststof
BK-NM-5582

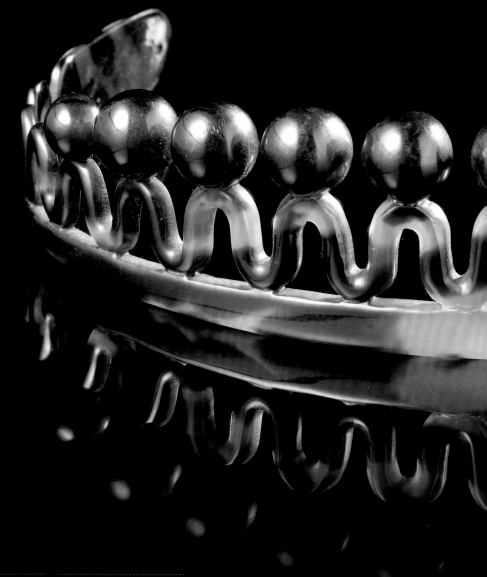

122

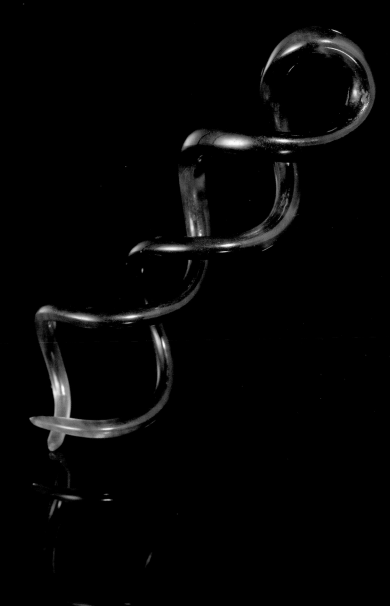

Comb
after 1869
S.G.D.G. Dondel
French
Steel, lacquer, celluloid, brass

Haarkam
ná 1869
S.G.D.G. Dondel
Frans
Staal, lak, celluloid, koper

Hairpin
c. 1880-1910
Netherlands, Amsterdam
Celluloid
BK-1979-238-h

Haarspeld
ca. 1880-1910
Nederland, Amsterdam
Celluloid
BK-1979-238-h

Clutch bag
1932
Indonesia, Surabaya
Crocodile skin, metal
BK-1986-45

Enveloptas
1932
Indonesië, Soerabaja
Krokodillenleer, metaal
BK-1986-45

Walking stick
c. 1795-1815
France or Netherlands
Vine, ivory, buffalo horn
BK-1973-34

Wandelstok
ca. 1795-1815
Frankrijk of Nederland
Wijnrank, ivoor, buffelhoorn
BK-1973-34

Lace shoes
c. 1920-30
Bastien
Belgium, Brussels
Crocodile skin, calfskin
BK-1997-61-a

Veterschoenen
ca. 1920-1930
Bastien
België, Brussel
Krokodillenleer, kalfsleer
BK-1997-61-a

Walking stick
1889
G. Dreyfus
France, Paris
Wood, brass, metal, paper, printing
ink, varnish
BK-1999-90

Wandelstok
1889
G. Dreyfus
Frankrijk, Parijs
Hout, koper, metaal, papier,
drukinkt, vernis
BK-1999-90

130

Montero
c. 1700
Netherlands
Silk brocade, ostrich feathers, wax
cloth, paper, linen, wool, silk
BK-KOG-15

Muts
ca. 1700
Nederland
Zijdebrokaat, struisveren,
wasdoek, papier, linnen, wol, zijde
BK-KOG-15

Folding fan
c. 1790
England
Paper, ink, mother-of-pearl, ivory,
satin, foil
BK-1960-58

Vouwwaaier
ca. 1790
Engeland
Papier, inkt, parelmoer, ivoor,
satijn, folie
BK-1960-58

Balmoral boots
c. 1912-20
Ch. Robat
France, Paris
Lacquered leather, wool, silk,
metal
BK-1973-501

Rijglaarzen
ca. 1912-1920
Ch. Robat
Frankrijk, Parijs
Lakleer, wol, zijde, metaal
BK-1973-501

Hat
c. 1910
P. Mars
Netherlands, Amsterdam
Straw, rep ribbon
BK-15601

Hoed
ca. 1910
P. Mars
Nederland, Amsterdam
Strohalm, ripslint
BK-15601

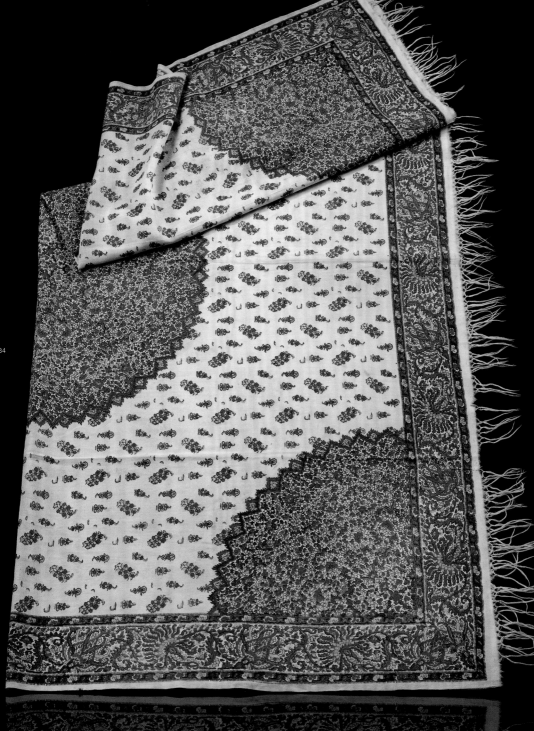

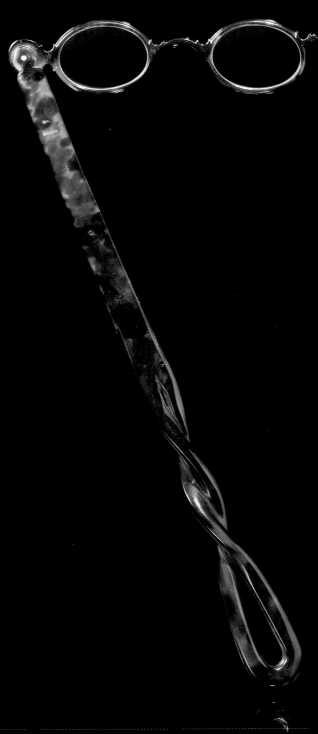

Moon shawl
1835-45
Charles Swaisland[?]
England, Crayford
Wool
BK-1978-795

Maansjaal
1835-1845
Charles Swaisland[?]
Engeland, Crayford
Wol
BK-1978-795

Lorgnette
c. 1870-1900
Netherlands
Tortoiseshell or celluloid, glass
BK-1967-51

Lorgnet
ca. 1870-1900
Nederland
Schildpad of celluloid, glas
BK-1967-51

136

Mules	*Muilen*	**Pumps**	*Pumps*
c. 1835-45	ca. 1835-1845	c. 1955	ca. 1955
Netherlands	Nederland	Th. Kort	Th. Kort
Velvet, floss silk, leather, linen,	Fluweel, vloszijde, runderleer,	Netherlands, Amsterdam	Nederland, Amsterdam
rep silk	linnen, ripszijde	Cotton, synthetic material, leather	Katoen, kunststof, leer
BK-NM-8599	BK-NM-8599	BK-1978-88-a	BK-1978-88-a

Shawl
c. 1926-29
Raghnild d'Ailly
Germany, Munich
Crêpe de Chine
BK-1987-63

Sjaal
ca. 1926-1929
Raghnild d'Ailly
Duitsland, München
Crêpe de Chine
BK-1987-63

138

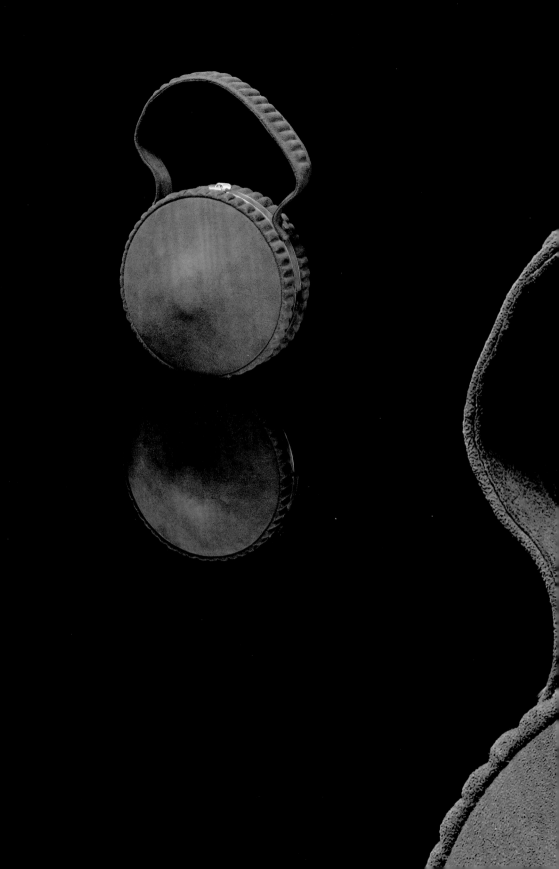

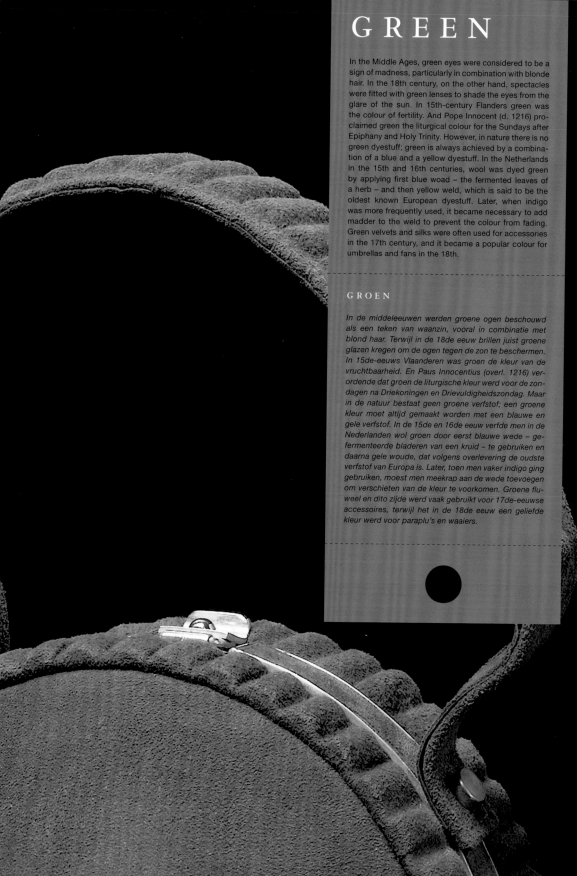

GREEN

In the Middle Ages, green eyes were considered to be a sign of madness, particularly in combination with blonde hair. In the 18th century, on the other hand, spectacles were fitted with green lenses to shade the eyes from the glare of the sun. In 15th-century Flanders green was the colour of fertility. And Pope Innocent (d. 1216) proclaimed green the liturgical colour for the Sundays after Epiphany and Holy Trinity. However, in nature there is no green dyestuff; green is always achieved by a combination of a blue and a yellow dyestuff. In the Netherlands in the 15th and 16th centuries, wool was dyed green by applying first blue woad – the fermented leaves of a herb – and then yellow weld, which is said to be the oldest known European dyestuff. Later, when indigo was more frequently used, it became necessary to add madder to the weld to prevent the colour from fading. Green velvets and silks were often used for accessories in the 17th century, and it became a popular colour for umbrellas and fans in the 18th.

GROEN

In de middeleeuwen werden groene ogen beschouwd als een teken van waanzin, vooral in combinatie met blond haar. Terwijl in de 18de eeuw brillen juist groene glazen kregen om de ogen tegen de zon te beschermen. In 15de-eeuws Vlaanderen was groen de kleur van de vruchtbaarheid. En Paus Innocentius (overl. 1216) verordende dat groen de liturgische kleur werd voor de zondagen na Driekoningen en Drievuldigheidszondag. Maar in de natuur bestaat geen groene verfstof; een groene kleur moet altijd gemaakt worden met een blauwe en gele verfstof. In de 15de en 16de eeuw verfde men in de Nederlanden wol groen door eerst blauwe wede – gefermenteerde bladeren van een kruid – te gebruiken en daarna gele woude, dat volgens overlevering de oudste verfstof van Europa is. Later, toen men vaker indigo ging gebruiken, moest men meekrap aan de wede toevoegen om verschieten van de kleur te voorkomen. Groene fluweel en dito zijde werd vaak gebruikt voor 17de-eeuwse accessoires, terwijl het in de 18de eeuw een geliefde kleur werd voor paraplu's en waaiers.

Handbag
c. 1947-48
England[?]
Suede, synthetic material, brass,
synthetic silk
BK-1997-52

Handtas
ca. 1947-1948
Engeland[?]
Suéde, kunststof, koper, kunstzijde
BK-1997-52

142

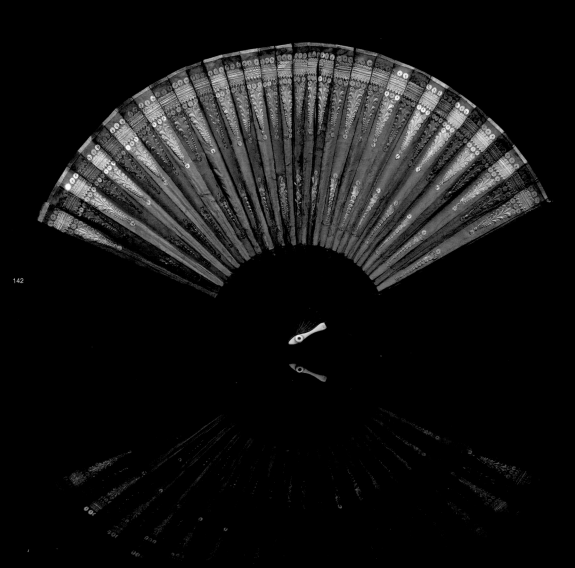

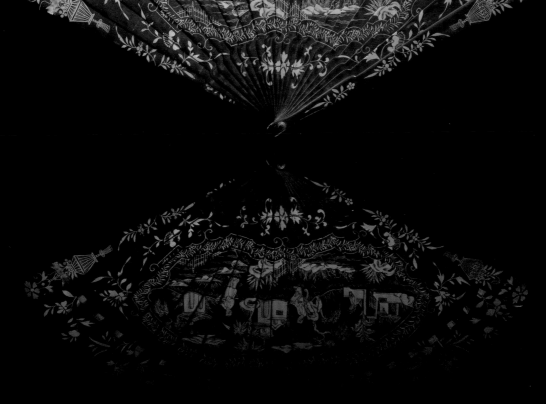

Folding fan
c. 1800-10
France
Silk, brass, gold leaf, gold paper,
gauze, wood, lacquer, ivory

Vouwwaaier
ca. 1800-1810
Frankrijk
Zijde, koper, bladgoud,
goudpapier, gaas, hout, lak, ivoor

Brisé fan
c. 1880
China, Canton
Wood, lacquer, gold paint
BK-18308

Briséwaaier
ca. 1880
China, Kanton
Hout, lak, goudverf
BK-18308

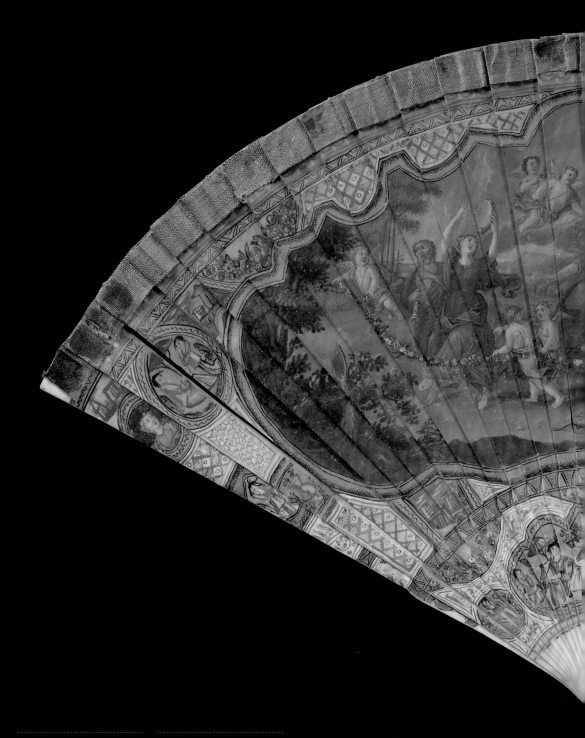

Brisé fan
c. 1700-50
France
Ivory, tempera, varnish, mother-of-pearl, metal, silk
BK-14632

Briséwaaier
ca. 1700-1750
Frankrijk
Ivoor, tempera, vernis, parelmoer, metaal, zijde
BK-14632

Mules	***Muilen***	**Purse**	***Beurs***
c. 1700-15	*ca. 1700-1715*	c. 1620-40	*ca. 1620-1640*
Netherlands	*Nederland*	Netherlands	*Nederland*
Silk, leather	*Zijde, runderleer*	Silver, silk, gold thread	*Zilver, zijde, gouddraad*
BK-BR-335	*BK-BR-335*	BK-1978-387	*BK-1978-387*

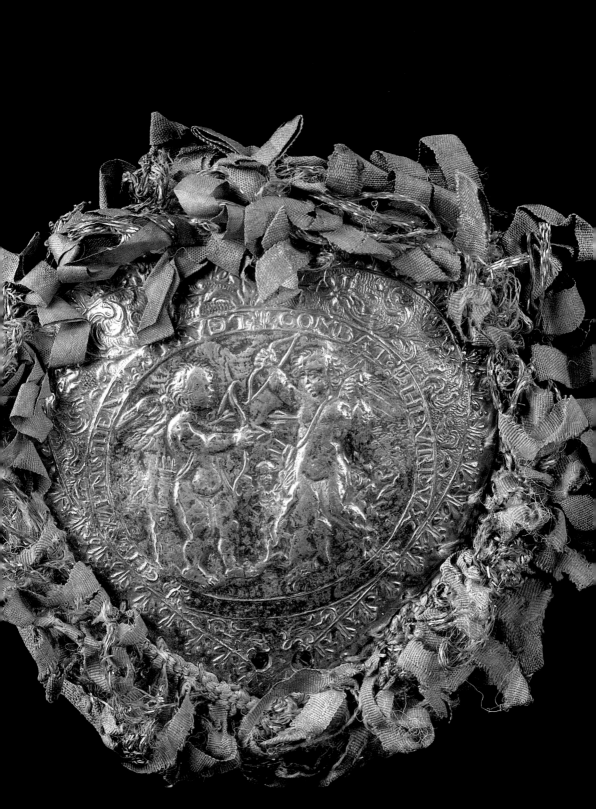

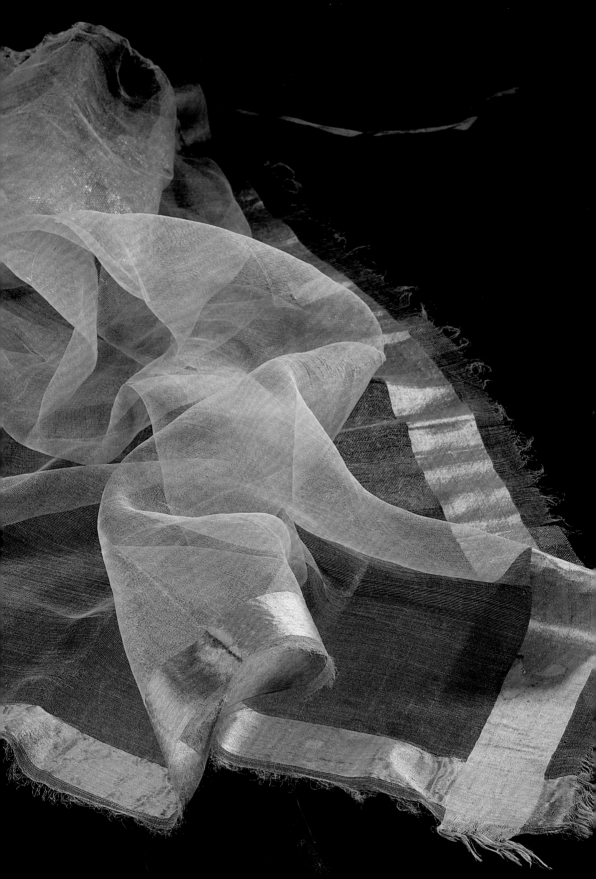

Veil	*Voile*	**Bonnet**	*Bonnet-coiffure*
c. 1820-30	*ca. 1820-1830*	c. 1855-65	*ca. 1855-1865*
Netherlands	*Nederland*	Netherlands	*Nederland*
Silk	*Zijde*	Silk tulle, satin, velvet ribbon	*Zijden tule, satijn, bandfluweel*
BK-1962-32	*BK-1962-32*	BK-16070	*BK-16070*

150

Umbrella
c. 1835-50
Netherlands
Silk, brass, horn, whalebone
BK-NM-9289

Paraplu
ca. 1835-50
Nederland
Zijde, koper, hoorn, walvisbalein
BK-NM-9289

Spectacles with green glasses
c. 1700-1800
Netherlands
Silver, glass
BK-NM-13019

Bril met groene glazen
ca. 1700-1800
Nederland
Zilver, glas
BK-NM-13019

Kerchief
c. 1775
Netherlands
Silk
BK-TN-2807

Fichu
ca. 1775
Nederland
Zijde
BK-TN-2807

Mittens
c. 1750
Netherlands, Zaan area
Silk, brocade, silver thread
BK-1978-374

Mitaines
ca. 1750
Nederland, Zaanstreek
Zijde, brokaat, zilverdraad
BK-1978-374

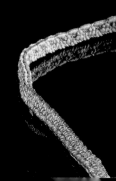

Shoes
c. 1690-1710
Netherlands?
Velvet, silver thread, silk, leather,
cowskin
BK-NM-9371

Schoenen
ca. 1690-1710
Nederland?
Fluweel, zilverdraad, zijde, leer,
runderleer
BK-NM-9371

Drawstring purse
c. 1617-22
Netherlands
Velvet, silk, silver thread, gold
thread, freshwater pearl, floss silk
BK-NM-8327

Buidel
ca. 1617-1622
Nederland
Fluweel, zijde, zilverdraad,
gouddraad, zoetwaterparel,
vloszijde
BK-NM-8327

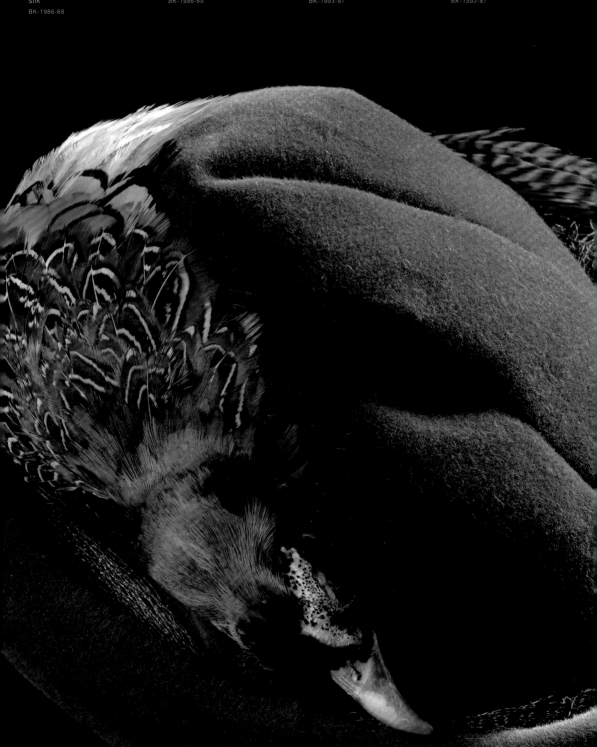

Cloche
c. 1930-40
Legroux Soeurs
France, Paris
Felt, ring-necked pheasant feather,
silk
BK-1986-68

Pothoed
ca. 1930-1940
Legroux Soeurs
Frankrijk, Parijs
Vilt, bosfazantveer, zijde
BK-1986-68

Toque
c. 1943
Suzanne Talbot
France, Paris
Felt, grosgrain, feathers
BK-1993-87

Toque
ca. 1943
Suzanne Talbot
Frankrijk, Parijs
Vilt, grosgrain, veren
BK-1993-87

Reticule
c. 1775-1800
Netherlands
Thick paper, silk, silver thread,
silver, glass
BK-NM-5596

Reticule
ca. 1775-1800
Nederland
Dik papier, zijde, zilverdraad,
zilver, glas
BK-NM-5596

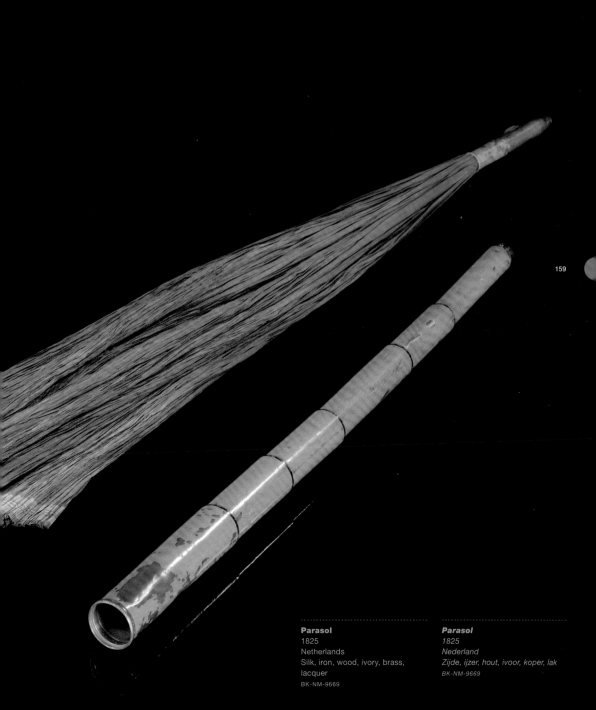

Parasol
1825
Netherlands
Silk, iron, wood, ivory, brass,
lacquer
BK-NM-9669

Parasol
1825
Nederland
Zijde, ijzer, hout, ivoor, koper, lak
BK-NM-9669

Cover
c. 1900
Lindsay Philip Butterfield?
England
Silk, satin, cotton
BK-1957-68

Sachet
ca. 1900
Lindsay Philip Butterfield?
Engeland
Zijde, satijn, katoen
BK-1957-68

Slippers
c. 1750-70
Netherlands?
Silk, leather, wool, linen
BK-NM-8598

Huisschoenen
ca. 1750-1770
Nederland?
Zijde, runderleer, wol, linnen
BK-NM-8598

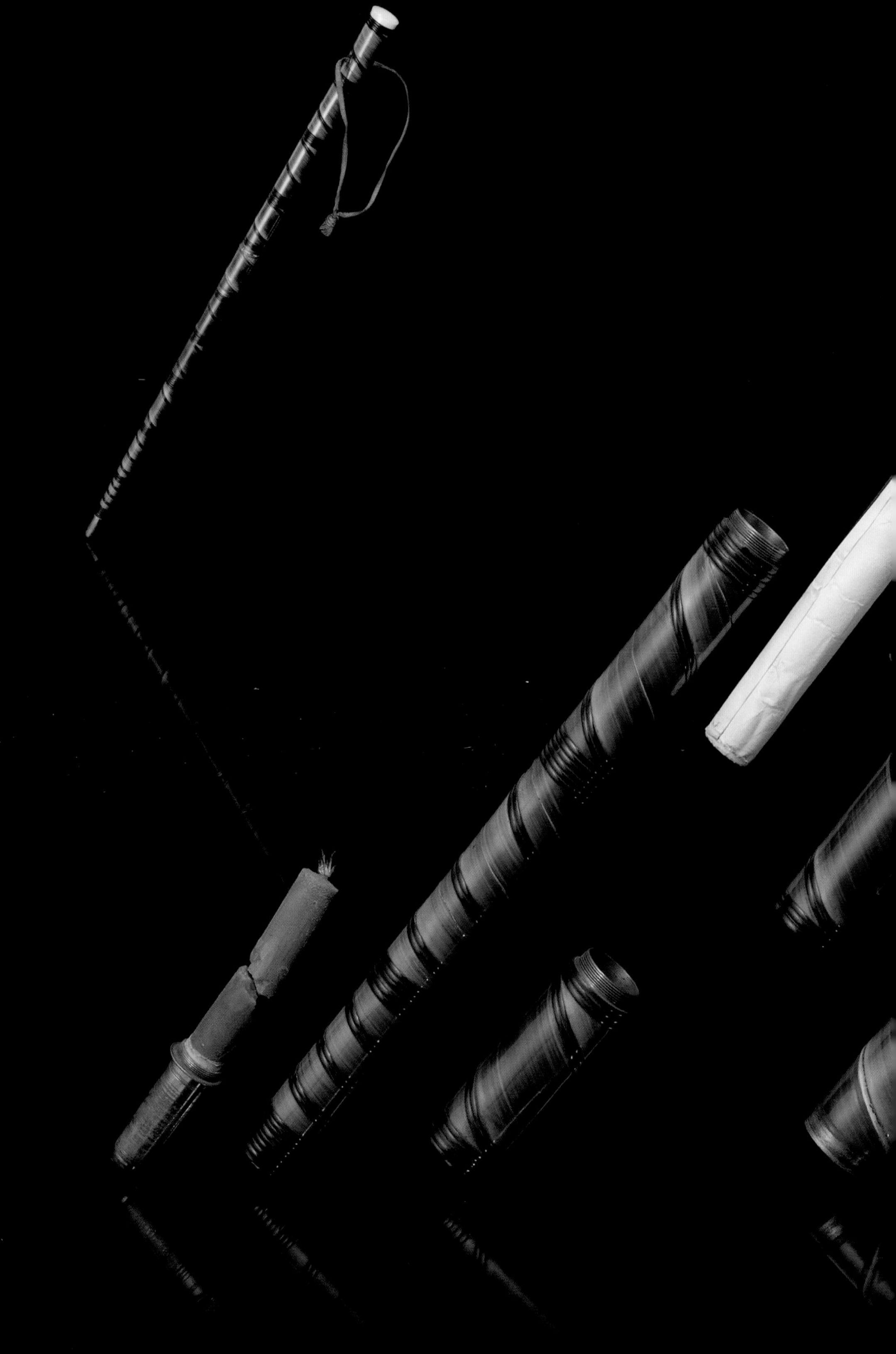

Walking stick
c. 1860
Steinberg
England, London
Brass, paper, buffalo horn, ivory,
leather, wood, glass, cotton,
pencil, wax
BK-NM-7488

Wandelstok
ca. 1860
Steinberg
Engeland, Londen
Koper, papier, buffelhoorn, ivoor,
leer, hout, glas, katoen, potlood,
was
BK-NM-7488

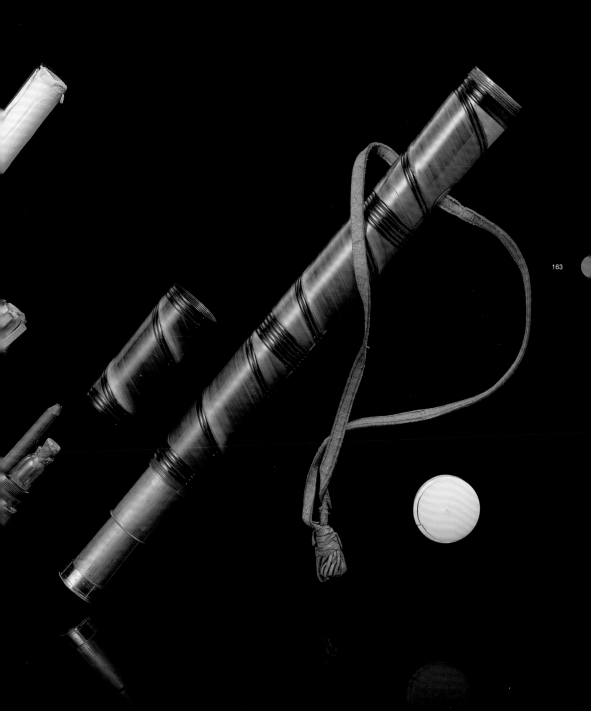

163

Purse
after 1580
Netherlands or Italy
Velvet, leather, paper, gold thread,
silk, metal
BK-KOG-29

Beurs
na 1580
Nederland of Italië
Fluweel, leer, papier, gouddraad,
zijde, metaal
BK-KOG-29

Parasol
c. 1840-50
Netherlands
Silk, rosewood, ivory
BK-NM-11006

Parasol
ca. 1840-1850
Nederland
Zijde, palissanderhout, ivoor
BK-NM-11006

BLUE

The history of indigo starts around 500 BC in its country of origin, India. Although the dye was known to the Greeks and the Romans, it featured little if at all in their daily life, not just because it was expensive but because they did not care for the colour blue. Indigo dye can be obtained from a variety of 'Indigofera' species which grow in tropical areas like India, China, Japan, Central and Latin America and West Africa. The leaves were left to ferment in the sun and after a cleansing process the residue was pressed into blocks. It was in this form that it was first imported into Europe in the 16th century. The Dutch and English East India Companies shipped it in vast quantities. Since indigo is insoluble in water, soda or urine has to be added to fix it in a fabric. Although research had begun several decades before, it was not until 1896 that scientists succeeded in producing a synthetic indigo dye. Nowadays indigo is best known as the colour of jeans.

BLAUW

De geschiedenis van indigo begint omstreeks 500 v.Chr. in het land van oorsprong, India. Hoewel de Grieken en Romeinen de verfstof al kenden, komt blauw haast niet voor in hun dagelijks leven. Niet alleen omdat de verf duur was, maar omdat ze er niet op gesteld waren. De indigoverf kan gewonnen worden uit een aantal 'Indigofera'-soorten, die in tropische gebieden als India, China, Japan, Centraal- en Latijns-Amerika en West-Afrika groeien. De bladeren werden in de zon gelegd om te gisten en na reiniging werd het residu tot blokken geperst. Grote hoeveelheden werden voor het eerst in de 16de eeuw door de VOC en de Engelse East India Company verscheept. Aangezien indigo niet oplost in water moet er soda of urine aan toegevoegd worden om de kleur aan de stof te fixeren. Hoewel er al enige decennia onderzoek naar werd gedaan, zou het tot 1896 duren voordat men in staat was een synthetische indigoverf te produceren. Tegenwoordig is indigo vooral bekend als de kleurstof van spijkerbroeken.

Folding fan
c. 1900-10
France
Monal feathers, synthetic material,
silk, steel
~~BK 1969 52~~

Vouwwaaier
ca. 1900-1910
Frankrijk
Glansfazantveer, kunststof, zijde,
staal
~~BK 1969 52~~

Folding fan
c. 1760
Netherlands
Leather, gouache, ivory,
watercolour, gold paint, wood,
metal
BK-1958-17

Vouwwaaier
ca. 1760
Nederland
Leer, gouache, ivoor, waterverf,
goudverf, hout, metaal
BK-1958-17

Folding fan
c. 1750
Netherlands or France
Paper, watercolour, mother-of-
pearl, silver leaf, wood, gold leaf
BK-NM-10464

Vouwwaaier
ca. 1750
Nederland of Frankrijk
Papier, waterverf, parelmoer,
bladzilver, hout, bladgoud
BK-NM-10464

Shawl
c. 1910-14
Wiener Werkstätte[?]
Austria or Vienna
Crêpe de Chine, watercolour
BK-1984-116

Sjaal
ca. 1910-1914
Wiener Werkstätte[?]
Oostenrijk of Wenen
Crêpe de Chine, waterverf
BK-1984-116

Pumps
c. 1950
A. van Goethem
Belgium, Brussels
Suede, calfskin, cotton
BK-1997-67

Pumps
ca. 1950
A. van Goethem
België, Brussel
Suède, kalfsleer, katoen
BK-1997-67

Folding fan
c. 1850
L.-G. de Marsay / Pilloy et Cie.
France, Paris
Paper, ink, wood, steel
BK-1994-13

Vouwwaaier
ca. 1850
L.-G. de Marsay / Pilloy et Cie.
Frankrijk, Parijs
Papier, inkt, hout, staal
BK-1994-13

Folding fan
1795
Netherlands, Kampen
Watercolour, paper, bone, silver,
gold leaf, wood, glass
NG-NM-11064-a

Vouwwaaier
1795
Nederland, Kampen
Aquarel, papier, been, zilver,
bladgoud, hout, glas
NG-NM-11064-a

Folding fan
c. 1880-1900
L. Stouder: signed
Belgium
Tulle, lace, silk, tempera, mother-of-pearl, metal
BK-1978-2

Vouwwaaier
ca. 1880-1900
L. Stouder: gesigneerd
België
Tule, kant, zijde, tempera,
parelmoer, metaal
BK-1978-2

174

Hand screen
c. 1769
Petit
France, Paris
Cardboard, printing ink,
watercolour, gouache, lime
BK-NM-5518

Handscherm
ca. 1769
Petit
Frankrijk, Parijs
Karton, drukinkt, waterverf,
gouache, lindehout
BK-NM-5518

Shawl
1909
W.R. Rees
Netherlands
Cotton
BK-1969-222

Sjaal
1909
W.R. Rees
Nederland
Katoen
BK-1969-222

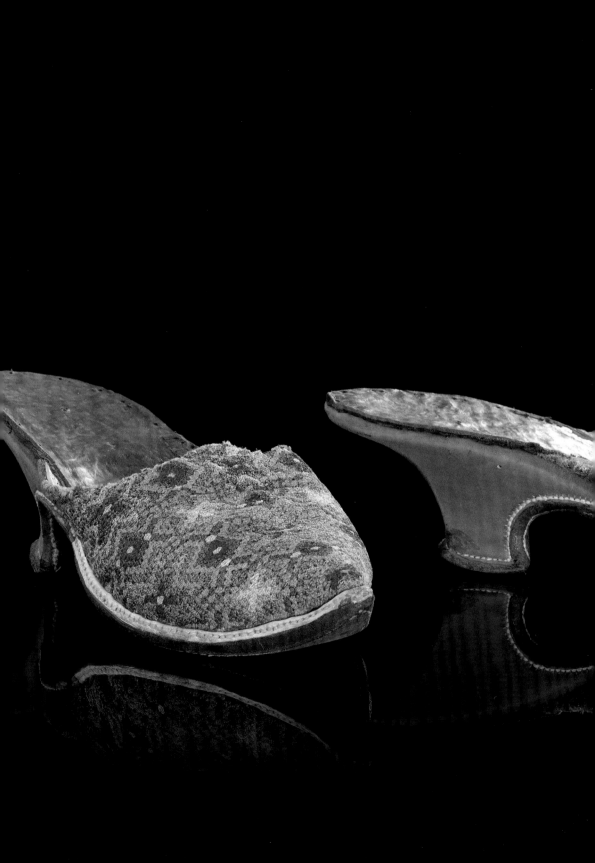

Mules
c. 1660
Netherlands
Linen or hemp, floss silk, wool,
calfskin, leather, chamois leather
BK-1978-293

Trippen
ca. 1660
Nederland
Linnen of hennep, vloszijde, wol,
kalfsleer, runderleer, zeemleer
BK-1978-293

Beret
c. 1898
A. Jacot
Netherlands, Amsterdam
Rabbit fur, silk velvet, satin
BK-1978-331-a

Baret
ca. 1898
A. Jacot
Nederland, Amsterdam
Konijnenbont, zijdefluweel, satijn
BK-1978-331-a

Gloves
c. 1600-25
Netherlands
Kid, linen, silk, gold thread, pearl,
ruby, silver leaf
BK-KOG-20

Handschoenen
ca. 1600-1625
Nederland
Wasleer, linnen, zijde, gouddraad,
parel, robijn, bladzilver
BK-KOG-20

Gloves
c. 1630-40
Netherlands or England
Chamois leather, floss silk, gold
thread, silver thread
BK-1958-27

Handschoenen
ca. 1630-1640
Nederland of Engeland
Zeemleer, vloszijde, gouddraad,
zilverdraad
BK-1958-27

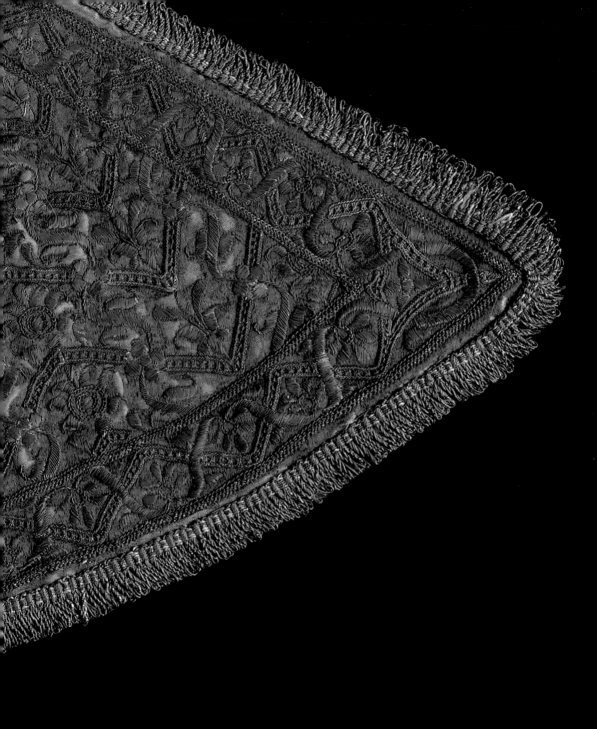

Gloves
c. 1600-15
England or Netherlands
Deerskin, silk, silver thread

Handschoenen
ca. 1600-1615
Engeland of Nederland
Hertenleer, zijde, zilverdraad

182

Handbag
c. 1925-35
Europe
Celluloid, silk
BK-1973-236

Beugeltas
ca. 1925-1935
Europa
Celluloid, zijde
BK-1973-236

Collar
c. 1900-25
Netherlands
Shantung silk, floss silk, linen
BK-1973-145

Kraag
ca. 1900-1925
Nederland
Shantungzijde, vloszijde, linnen
BK-1973-145

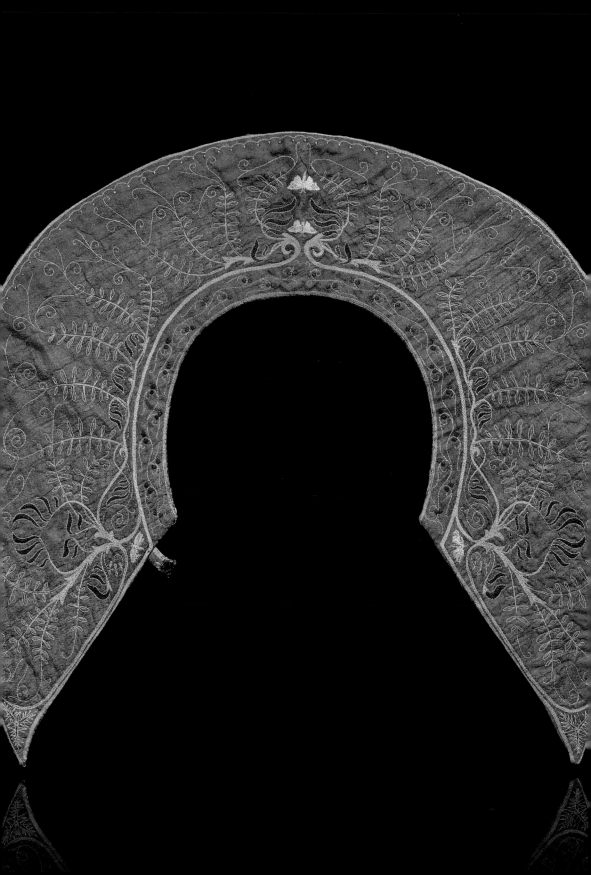

Cashmere shawl
c. 1820
Western Europe
Silk, wool
BK-NM-8464

Kasjmiersjaal
ca. 1820
West-Europa
Zijde, wol
BK-NM-8464

Cashmere shawl
c. 1775-1800
Tibet or Mongolia
Pashmina wool
BK-1963-40

Kasjmiersjaal
ca. 1775-1800
Tibet of Mongolië
Pashminawol
BK-1963-40

PURPLE

Purple has always been the colour of emperors, royalty, higher clergy and courtiers. 'Tyrian purple' – a dye obtained from the glands of molluscs – was first recorded in the 16th century BC in Crete. The colour is referred to in the Bible as appropriate for sacred garments. Because it was so costly, the Romans tried to imitate the dye and there are many surviving recipes for it. 'Orchil' was one of the substitutes in frequent use, apparently quite successfully as a contemporary recorded that 'when fresh, its colour is so beautiful that it even excels the ancient purple of Tyre'. The dyestuff could be obtained from several lichen species of the genera 'Rocella' that grow on rocks around the Mediterranean, or the Atlantic coasts of England, France and Portugal. The preparation of orchil from lichens is a complicated process, and after the British chemist William Perkin accidentally stumbled on the first synthetic pigment – 'mauveine' – in 1856 it very soon superseded all other dyestuffs.

PAARS

Paars is altijd de kleur van de keizers, koningen, hoge geestelijken en hovelingen geweest. Koningspurper – een verfstof die verkregen wordt uit de klieren van weekdieren – werd het eerst beschreven in Kreta in de 16de eeuw v.Chr. De kleur wordt in de Bijbel genoemd in relatie tot gewijde kledingstukken. Vanwege de extreem hoge prijs probeerden de Romeinen de verf na te maken, hiervoor zijn veel recepten bekend. Orseille was een van de veel gebruikte substituten en blijkbaar redelijk succesvol want een tijdgenoot schrijft dat de kleur 'wanneer nog fris, zo mooi is dat hij zelfs het oude koningspurper overstijgt'. De kleurstof werd verkregen uit verschillende soorten korstmossen die op de rotsen rond de Middellandse Zee of de Atlantische kusten van Engeland, Frankrijk en Portugal groeien. De bereiding van orseille uit de korstmossen is ingewikkeld en toen de Britse chemicus William Perkin in 1856 bij toeval de eerste synthetische verfstof – 'mauveine' – ontdekte, werd die vrij snel nog uitsluitend toegepast.

188

←

Umbrella
c. 1890-1910
Belgium, Tournai (the 18th century
knob) and Netherlands (the
umbrella)
Silk, wood, 'pâte tendre', brass
BK-1967-92

←

Paraplu
ca. 1890-1910
België, Doornik (de 18de-eeuwse
knop) en Nederland (de paraplu)
Zijde, hout, 'pâte tendre', koper
BK-1967-92

Folding fan
c. 1840-60
Jin Zemao
China, Canton
Silk, oil paint, ivory, brass, wood,
lacquer
BK-1995-20-a

Vouwwaaier
ca. 1840-1860
Jin Zemao
China, Kanton
Zijde, olieverf, ivoor, koper, hout,
lak
BK-1995-20-a

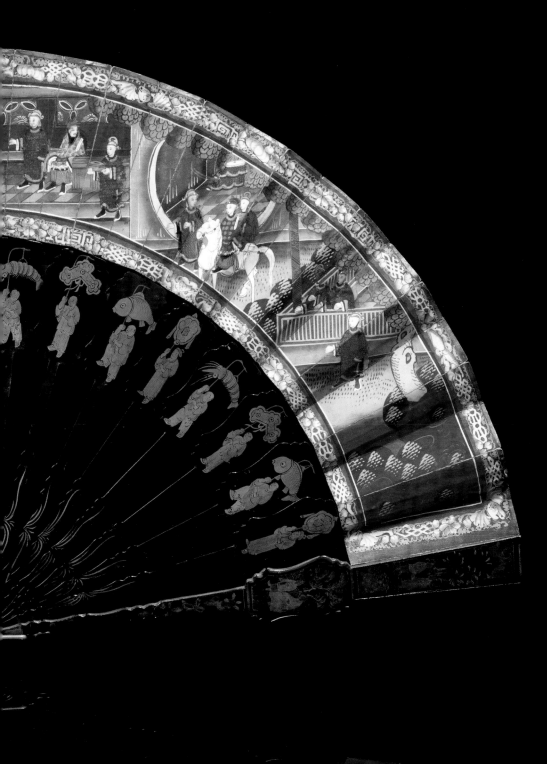

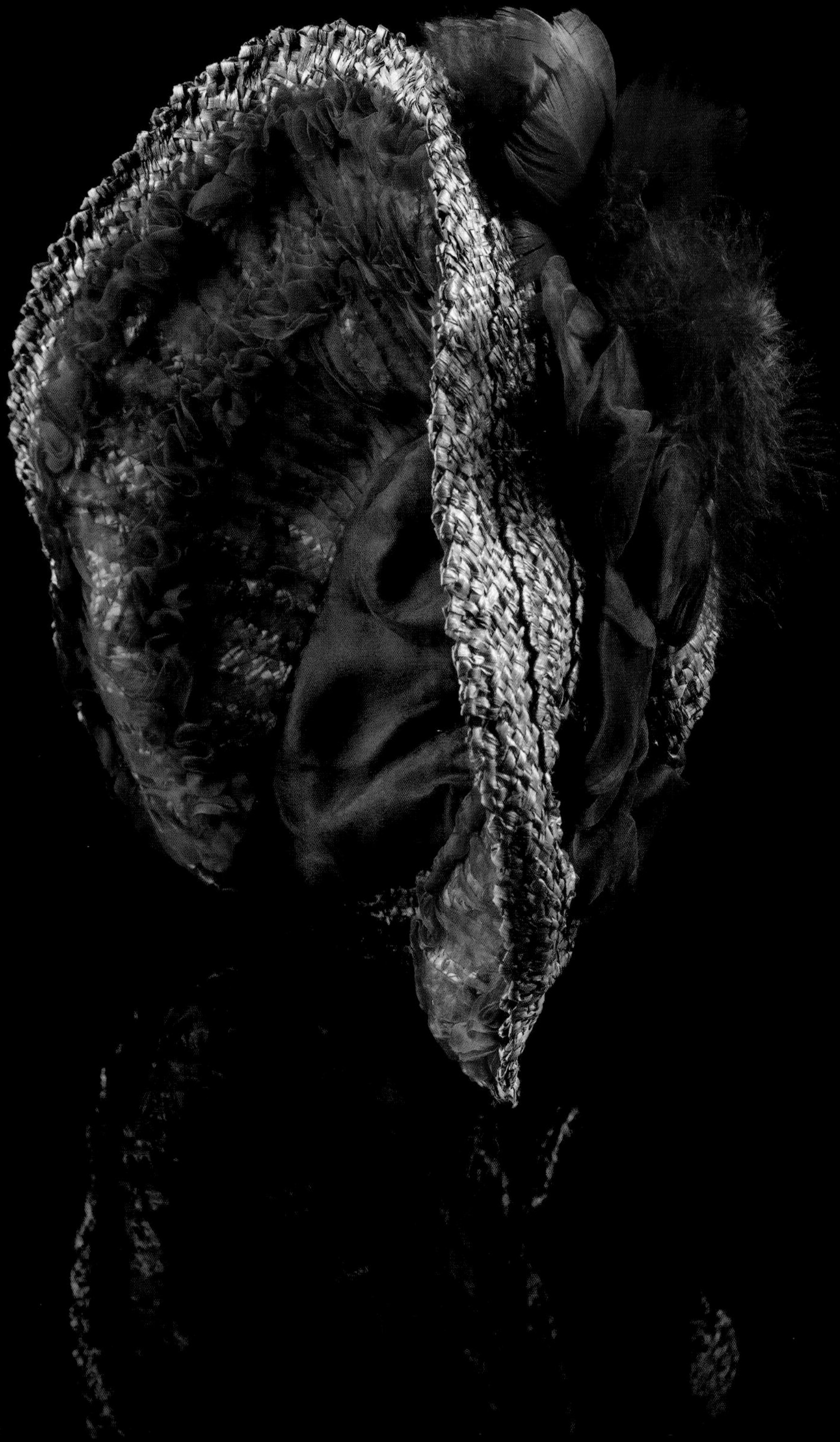

191

192

Cap
c. 1950-53
Paulette
France, Paris
Velvet, plastic, glass
BK-1993-73

Kapje
ca. 1950-1953
Paulette
Frankrijk, Parijs
Fluweel, plastic, glas
BK-1993-73

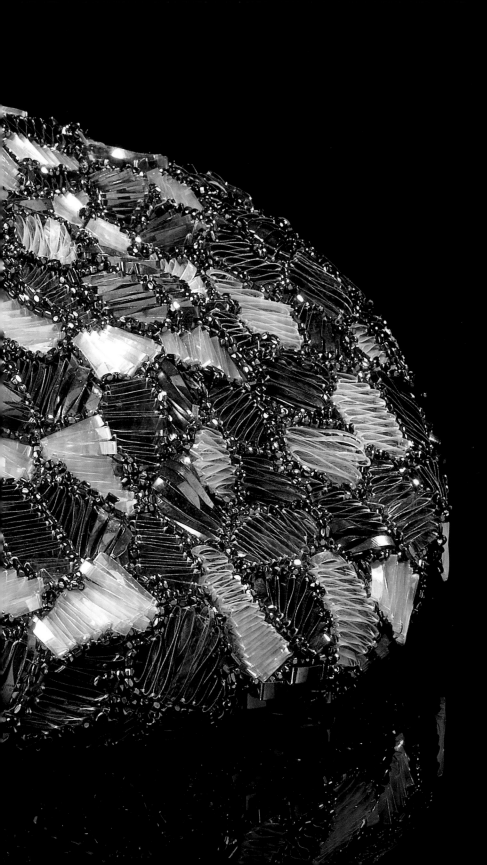

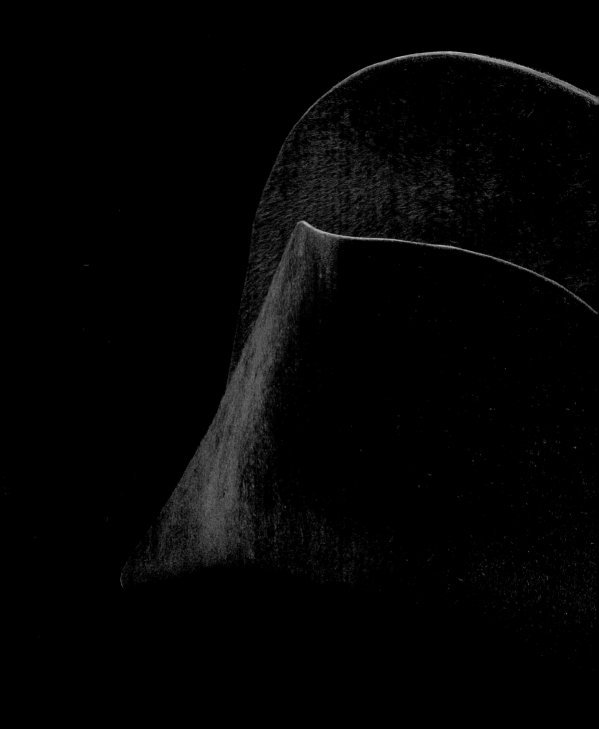

BLACK

Black has been used for objects and clothes all over the world since antiquity. It appears in many different contexts, from a symbol of mourning or the Plague to servants' liveries and the little black dress. Black was worn by the clergy, nobility, military, courtiers, civil servants, bankers and by common folk, who were married and buried in it. Fashion in the Netherlands in the 17th century was predominantly black. Galls or gallnuts had been imported from Aleppo, Smyrna and East India and were used for silk dyeing in medieval times. During the 17th century blacks were no longer produced by combining indigo with madder but by using galls on an indigo ground. For raven or jet black one needed alder bark, fresh or dried, combined with grinding dust, brandy or wine. These various dyes made for different qualities of black. Those with indigo seemed to have been the best, but indigo had to be imported from the Far East or the West Indies, which made it relatively expensive, whereas gallnut and alder bark were often available locally.

ZWART

Zwarte voorwerpen zijn vanaf de oudheid over de hele wereld gebruikt. Ze hebben steeds weer een andere context, van rouw of een pestepidemie tot aan livreien en 'the little black dress'. Zwart werd gedragen door de geestelijkheid, adel, militairen, hovelingen, ambtenaren, bankiers en door gewone mensen die erin trouwden en begraven werden. De mode in de Nederlanden in de 17de eeuw was overwegend zwart. Galappels of gallen werden uit Aleppo, Smyrna en India geïmporteerd en in de middeleeuwen gebruikt voor het verven van zijde. In de loop van de 17de eeuw maakte de combinatie van indigo en meekrap plaats voor het gebruik van gallen. Voor raven- of gitzwart had men de bast van elzen nodig, vers of gedroogd in combinatie met slijpstof, brandewijn of wijn. Deze verschillende verven leverden verschillende kleuren zwart op. Die met indigo schijnen het best te zijn geweest, maar indigo moest uit het Verre Oosten of de West-Indies worden geïmporteerd waardoor het relatief kostbaar was terwijl galnoten en elzenbast veelal lokaal voor handen was.

Bicorne
c. 1789-1810
Netherlands[?]
Fur felt, leather
BK-1978-354

Corsaire
ca. 1789-1810
Nederland[?]
Haarvilt, runderleer
BK-1978-354

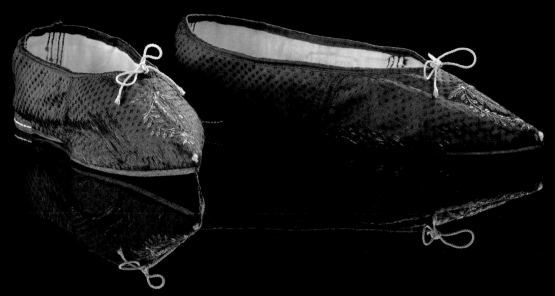

Folding fan	Vouwwaaier	Shoes	Schoenen
c. 1850-75	ca. 1850-1875	c. 1790-1810	ca. 1790-1810

Pattens
c. 1575-1650
Netherlands
Wood, leather, iron
BK-1975-1

Patijnen
ca. 1575-1650
Nederland
Hout, runderleer, ijzer
BK-1975-1

Shoes
c. 1600-30
Netherlands
Leather
BK-NM-13147

Schoenen
ca. 1600-1630
Nederland
Runderleer
BK-NM-13147

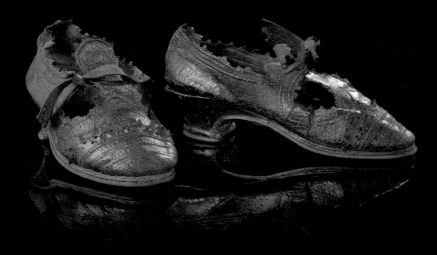

Mules	*Muilen*	**Shoes**	*Schoenen*
c. 1600-20	*ca. 1600-1620*	c. 1600-50	*ca. 1600-1650*
Netherlands	*Nederland*	Netherlands	*Nederland*
Leather, cord	*Runderleer, touw*	Leather, flax[?]	*Runderleer, vlas[?]*
BK-KOG-1280-1	*BK-KOG-1280-1*	BK-NM-5580-a	*BK-NM-5580-a*

Shoe
c. 1690-1700
Netherlands
Leather, wood, flax[?]
BK-KOG-1280-4

Schoen
ca. 1690-1700
Nederland
Runderleer, hout, vlas[?]
BK-KOG-1280-4

Walking stick
c. 1860
Steinberg
England, London
Horn, brass, ivory
BK-NM-7484

Wandelstok
ca. 1860
Steinberg
Engeland, Londen
Hoorn, koper, ivoor
BK-NM-7484

Walking stick
c. 1660-76
Netherlands[?]
Rosewood
'C KOG-1220

Wandelstok
ca. 1660-1676
Nederland[?]
Palissanderhout
NG KOG-1220

Top hat
1830
J.J. Froger
Netherlands, Amsterdam
Felt, leather, cardboard, paper, silk

Hoge hoed
1830
J.J. Froger
Nederland, Amsterdam
Haarvilt, runderleer, karton, papier,

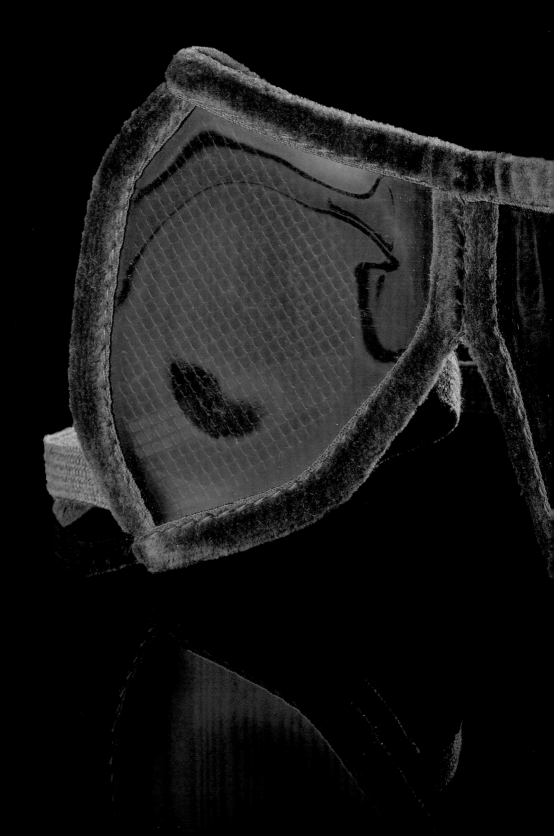

Goggles
c. 1900-25
Netherlands?
Mica?, celluloid?, silk, metal,
rubber
BK-1984-207

Motorbril
ca. 1900-1925
Nederland?
Mica?, celluloid?, zijde, metaal,
rubber
BK-1984-207

Handbag
c. 1930-40
Netherlands[7]
Crocodile skin, metal, suede
BK-1984-111

Handtas
ca. 1930-1940
Nederland[7]
Krokodillenleer, metaal, suède
BK-1984-111

Hat
1946
De Prijslijst
Netherlands, Amsterdam
Felt
BK-1997-31

Hoed
1946
De Prijslijst
Nederland, Amsterdam
Vilt
BK-1997-31

206

Evening gloves
c. 1950
Alexandrine
France, Paris
Silk
BK-1986-74

Avondhandschoenen
ca. 1950
Alexandrine
Frankrijk, Parijs
Zijde
BK-1986-74

Mourning hat
1935
Belgium, Brussels
Crêpe Georgette, sparterie
BK-1990-17

Rouwhoed
1935
België, Brussel
Crêpe Georgette, sparterie
BK-1990-17

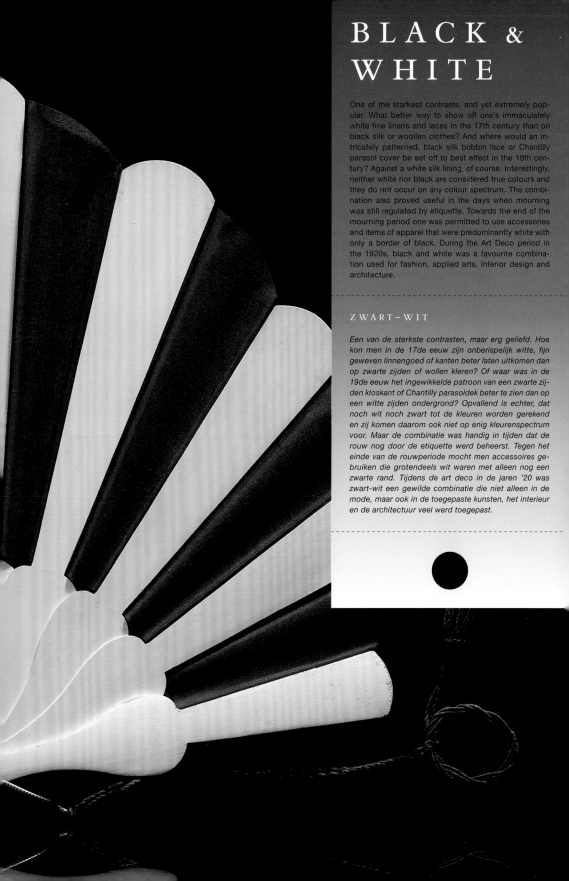

BLACK & WHITE

One of the starkest contrasts, and yet extremely popular. What better way to show off one's immaculately white fine linens and laces in the 17th century than on black silk or woollen clothes? And where would an intricately patterned, black silk bobbin lace or Chantilly parasol cover be set off to best effect in the 19th century? Against a white silk lining, of course. Interestingly, neither white nor black are considered true colours and they do not occur on any colour spectrum. The combination also proved useful in the days when mourning was still regulated by etiquette. Towards the end of the mourning period one was permitted to use accessories and items of apparel that were predominantly white with only a border of black. During the Art Deco period in the 1920s, black and white was a favourite combination used for fashion, applied arts, interior design and architecture.

ZWART – WIT

Een van de sterkste contrasten, maar erg geliefd. Hoe kon men in de 17de eeuw zijn onberispelijk witte, fijn geweven linnengoed of kanten beter laten uitkomen dan op zwarte zijden of wollen kleren? Of waar was in de 19de eeuw het ingewikkelde patroon van een zwarte zijden kloskant of Chantilly parasoldek beter te zien dan op een witte zijden ondergrond? Opvallend is echter, dat noch wit noch zwart tot de kleuren worden gerekend en zij komen daarom ook niet op enig kleurenspectrum voor. Maar de combinatie was handig in tijden dat de rouw nog door de etiquette werd beheerst. Tegen het einde van de rouwperiode mocht men accessoires gebruiken die grotendeels wit waren met alleen nog een zwarte rand. Tijdens de art deco in de jaren '20 was zwart-wit een gewilde combinatie die niet alleen in de mode, maar ook in de toegepaste kunsten, het interieur en de architectuur veel werd toegepast.

210

Parasol
c. 1890-1900
France, Calais
Silk, pongé silk, maple?, lime?,
silver
BK-1978-84-a

Parasol
ca. 1890-1900
Frankrijk, Calais
Zijde, pongézijde, esdoornhout?,
lindehout?, zilver
BK-1978-84-a

Parasol
c. 1880-85
France, Bayeux
Silk, satin, pongé silk, taffeta,
bamboo, celluloid
BK-16115

Parasol
ca. 1880-1885
Frankrijk, Bayeux
Zijde, satijn, pongézijde, tafzijde,
bamboe, celluloid
BK-16115

Parasol
c. 1900
S. Fox & Cie. Limited
England, Sheffield
Silk, metal, wood
BK-1980-12

Parasol
ca. 1900
S. Fox & Cie. Limited
Engeland, Sheffield
Zijde, metaal, hout
BK-1980-12

212

Hat
c. 1905
L. Aué
Netherlands, Amsterdam
Straw, raffia, chenille thread,
ostrich feathers
BK-14663

Hoed
ca. 1905
L. Aué
Nederland, Amsterdam
Bandstro, raffia, chenilledraad,
struisveren
BK-14663

Boa
c. 1890-1916
France, Paris
Ostrich feather, silk
BK-1973-424

Boa
ca. 1890-1916
Frankrijk, Parijs
Struisvogelveer, zijde
BK-1973-424

214

Half boots
c. 1840-50
C. Chalopin
France, Paris
Silk, linen, goatskin, leather, paper
BK-2007-17

Enkellaarzen
ca. 1840-1850
C. Chalopin
Frankrijk, Parijs
Zijde, linnen, geitenleer, runderleer,
papier
BK-2007-17

Gloves
after 1922-30
Laimböck
Germany, Saxony and Netherlands
Kid, glacé leather
BK-1978-79

Handschoenen
na 1922-1930
Laimböck
Duitsland, Saksen en Nederland
Wasleer, glacéleer
BK-1978-79

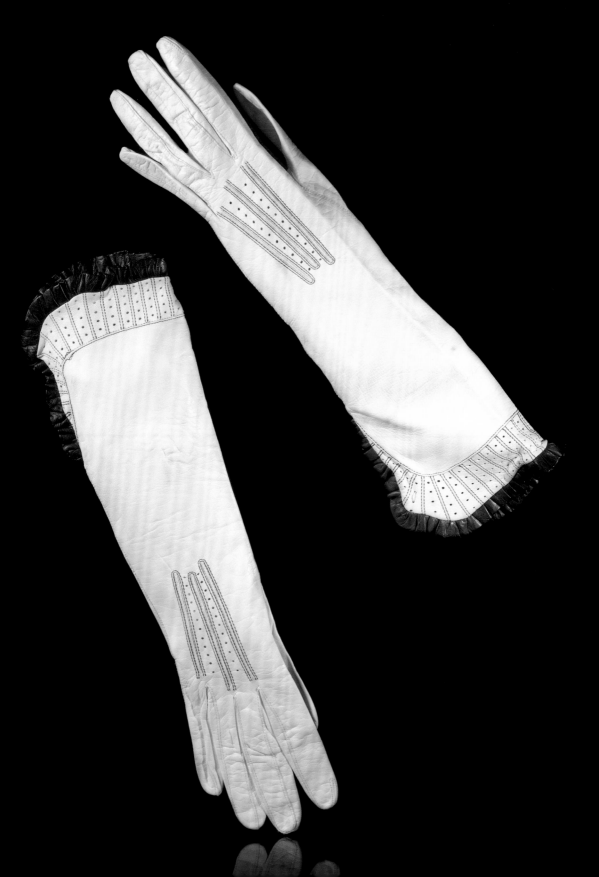

216

Fichu
c. 1860-70
Netherlands
Linen, silk
BK-1968-93

Fichu
ca. 1860-1870
Nederland
Linnen, zijde
BK-1968-93

Fichu
c. 1865-70
France
Silk
BK-1962-23

Fichu
ca. 1865-1870
Frankrijk
Zijde
BK-1962-23

WHITE

In antiquity the colours white, red and black were considered the basis of the colour system. Greeks and Romans dressed in white and inspired the neo-classical fashions of the early 19th century. As white should always be immaculate and without stains it soon developed into a status symbol. During the 17th century the Dutch took great pride in their white ruffs and cuffs. Urbanization had made cities overpopulated and fresh water was hard to come by. The rich consequently sent their laundry to the bleaching fields outside the city or in the dunes. Bleaching is one of the commonest methods for whitening fabric. Soak the fabric in a fluid containing buffalo or goat excrement, rinse it in water and dry it in the sun making sure the fabric remains wet throughout. The procedure should be repeated until the desired whiteness is achieved. Another method, known as degumming, was used to whiten silk. After the silk was washed with soap, it was rinsed in salted rainwater and dried in the sun.

WIT

In de oudheid vormden de kleuren wit, rood en zwart de basis van het kleurenschema. De Grieken en Romeinen droegen witte kleren en werden de inspiratiebron voor de neoclassicistische mode aan het begin van de 19de eeuw. Omdat het wit altijd onberispelijk en vlekkeloos moest zijn, werd het al snel een statussymbool. In de 17de eeuw waren de Hollanders erg trots op hun witte plooikragen en manchetten. Door de trek naar de stad waren de steden overbevolkt en kon men daar moeilijk aan schoon water komen. Daarom stuurden de rijken hun was naar de blekerijen op het platteland of bij de duinen. Bleken is een van de meest gebruikelijk manieren om een stof wit te maken. Week de stof in een vloeistof met buffel- of geitenpoep, spoel daarna met water en droog de stof in de zon. Een andere manier is bekend als 'ontgommen' en werd gebruikt om zijde te bleken. Nadat de zijde met zeep was gewassen, werd het gespoeld in gezouten regenwater en gedroogd in de zon.

Ruff
c. 1615-35
Netherlands
Linen
BK-NM-13112

Plooikraag
ca. 1615-1635
Nederland
Linnen
BK-NM-13112

220

Godet
c. 1890-1910
Belgium, Brussels
Silk
BK-1985-100

Godet
ca. 1890-1910
België, Brussel
Zijde
BK-1985-100

Collar
c. 1936
Maggy Rouff
France, Paris
Silk
BK-1984-81-b

Kraag
ca. 1936
Maggy Rouff
Frankrijk, Parijs
Zijde
BK-1984-81-b

222

Godet
c. 1890
Belgium, Brussels
Silk
BK-1958-87

Godet
ca. 1890
België, Brussel
Zijde
BK-1958-87

Collar
1905
Irène d'Olzowska
Belgium, Brussels
Silk
BK-BR-364

Kraag
1905
Irène d'Olzowska
België, Brussel
Zijde
BK-BR-364

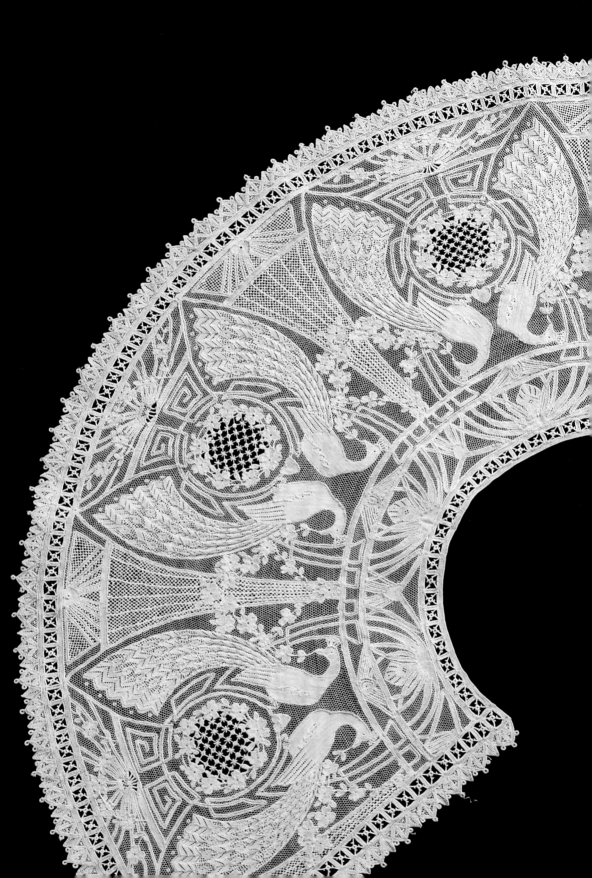

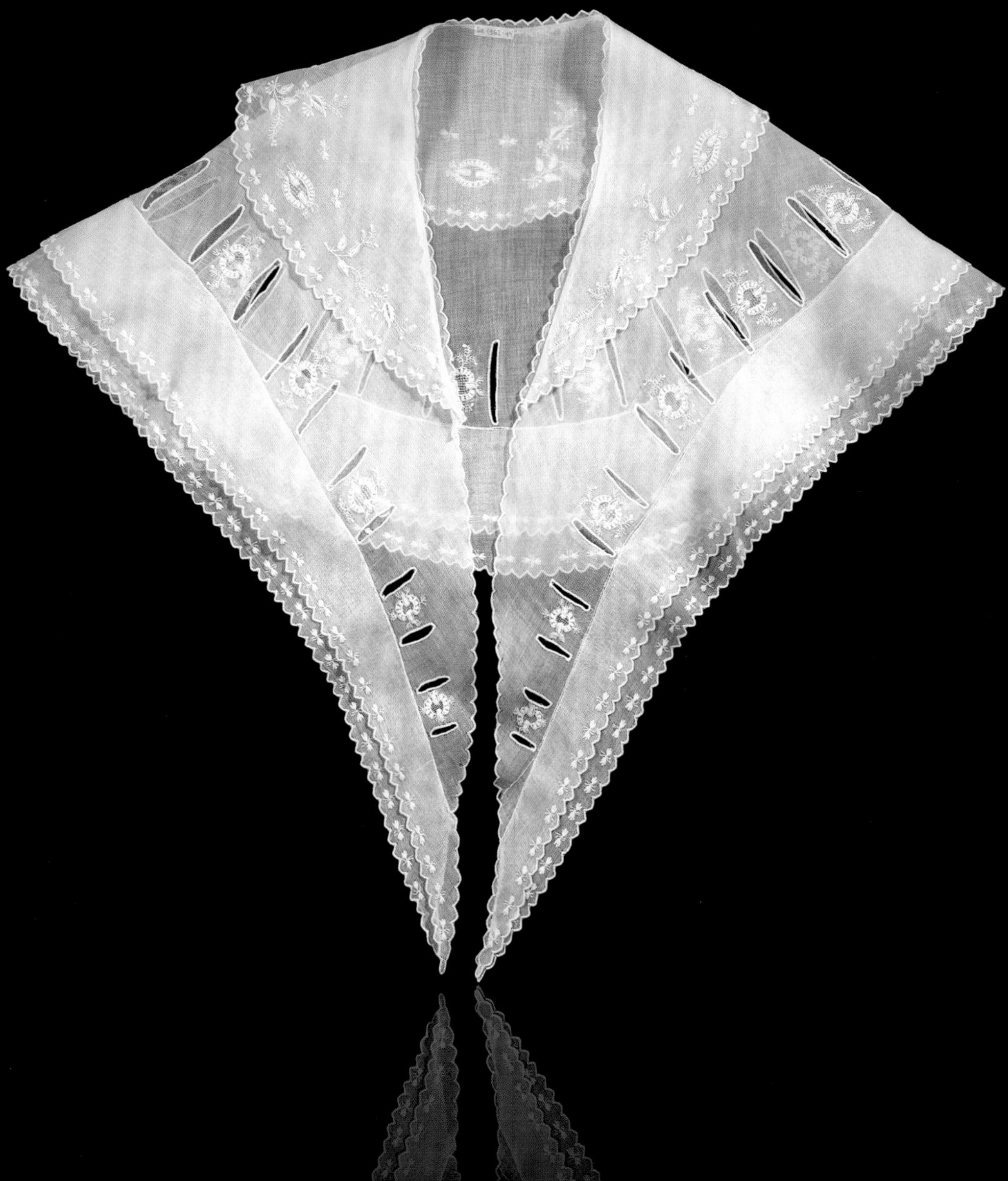

Plastron
c. 1890-1905
Switzerland, Sankt Gallen
Linen
BK-1974-161

Plastron
ca. 1890-1905
Zwitserland, Sankt Gallen
Linnen
BK-1974-161

Collar
c. 1880-85
Netherlands
Linen, cotton
BK-1962-14

Kraag
ca. 1880-1885
Nederland
Linnen, katoen
BK-1962-14

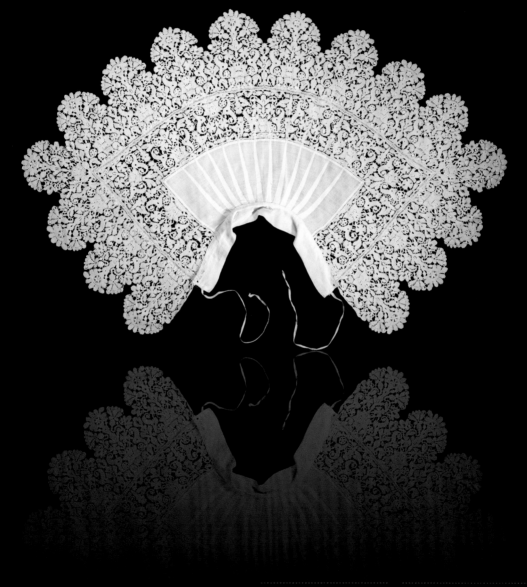

226

Falling collar
c. 1630-40
Netherlands
Linen
BK-BR-934

Kraag
ca. 1630-1640
Nederland
Linnen
BK-BR-934

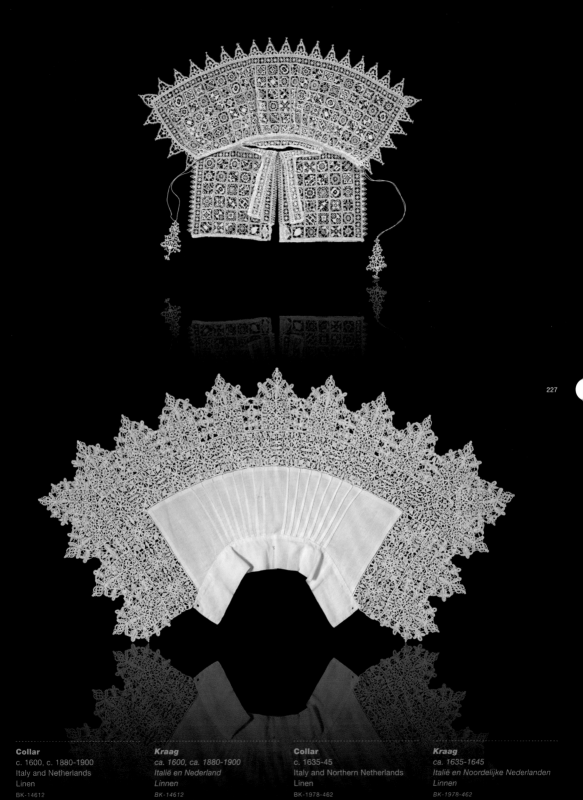

Collar
c. 1600, c. 1880–1900
Italy and Netherlands
Linen
BK-14612

Kraag
ca. 1600, ca. 1880-1900
Italië en Nederland
Linnen
BK-14612

Collar
c. 1635-45
Italy and Northern Netherlands
Linen
BK-1978-462

Kraag
ca. 1635-1645
Italië en Noordelijke Nederlanden
Linnen
BK-1978-462

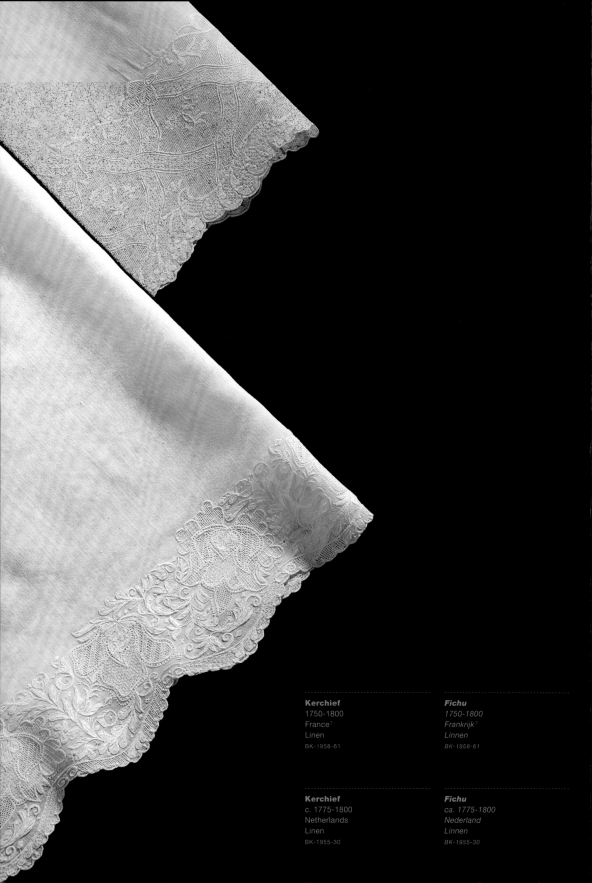

Kerchief
1750-1800
France[?]
Linen
BK-1958-61

Fichu
1750-1800
Frankrijk[?]
Linnen
BK-1958-61

Kerchief
c. 1775-1800
Netherlands
Linen
BK-1955-30

Fichu
ca. 1775-1800
Nederland
Linnen
BK-1955-30

Cuffs
c. 1640
Flanders and Northern
Netherlands
Linen
BK-1978-463

Manchetten
ca. 1640
Vlaanderen en Noordelijke
Nederlanden
Linnen
BK-1978-463

Bib-fronted band
c. 1690-1700
Italy, Venice and Northern
Netherlands
Linen
BK-NM-1108

Kraag
ca. 1690-1700
Italië, Venetië en Noordelijke
Nederlanden
Linnen
BK-NM-1108

Lappets
c. 1690-1700
Italy, Venice
Linen
BK-16524

Slippen
ca. 1690-1700
Italië, Venetië
Linnen
BK-16524

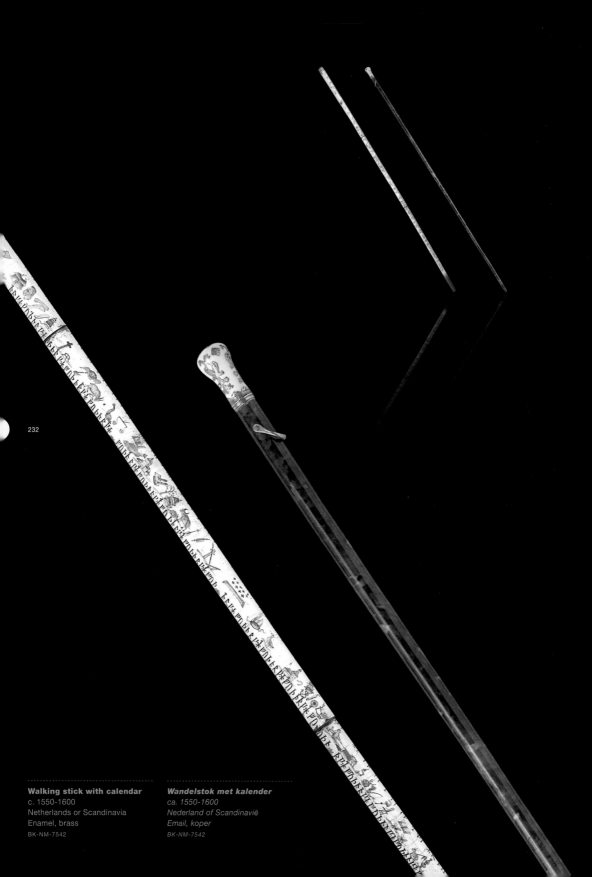

232

Walking stick with calendar
c. 1550-1600
Netherlands or Scandinavia
Enamel, brass
BK-NM-7542

Wandelstok met kalender
ca. 1550-1600
Nederland of Scandinavië
Email, koper
BK-NM-7542

Walking stick
c. 1750-75
Netherlands or France
Tortoiseshell, wood, porcelain,
gold leaf, silver, brass
BK-NM-12519

Wandelstok
ca. 1750-1775
Nederland of Frankrijk
Schildpad, hout, porselein,
bladgoud, zilver, koper
BK-NM-12519

House cap
c. 1725-50
Netherlands
Linen, cotton
BK-1965-51

Kraamherenmuts
ca. 1725-1750
Nederland
Linnen, katoen
BK-1965-51

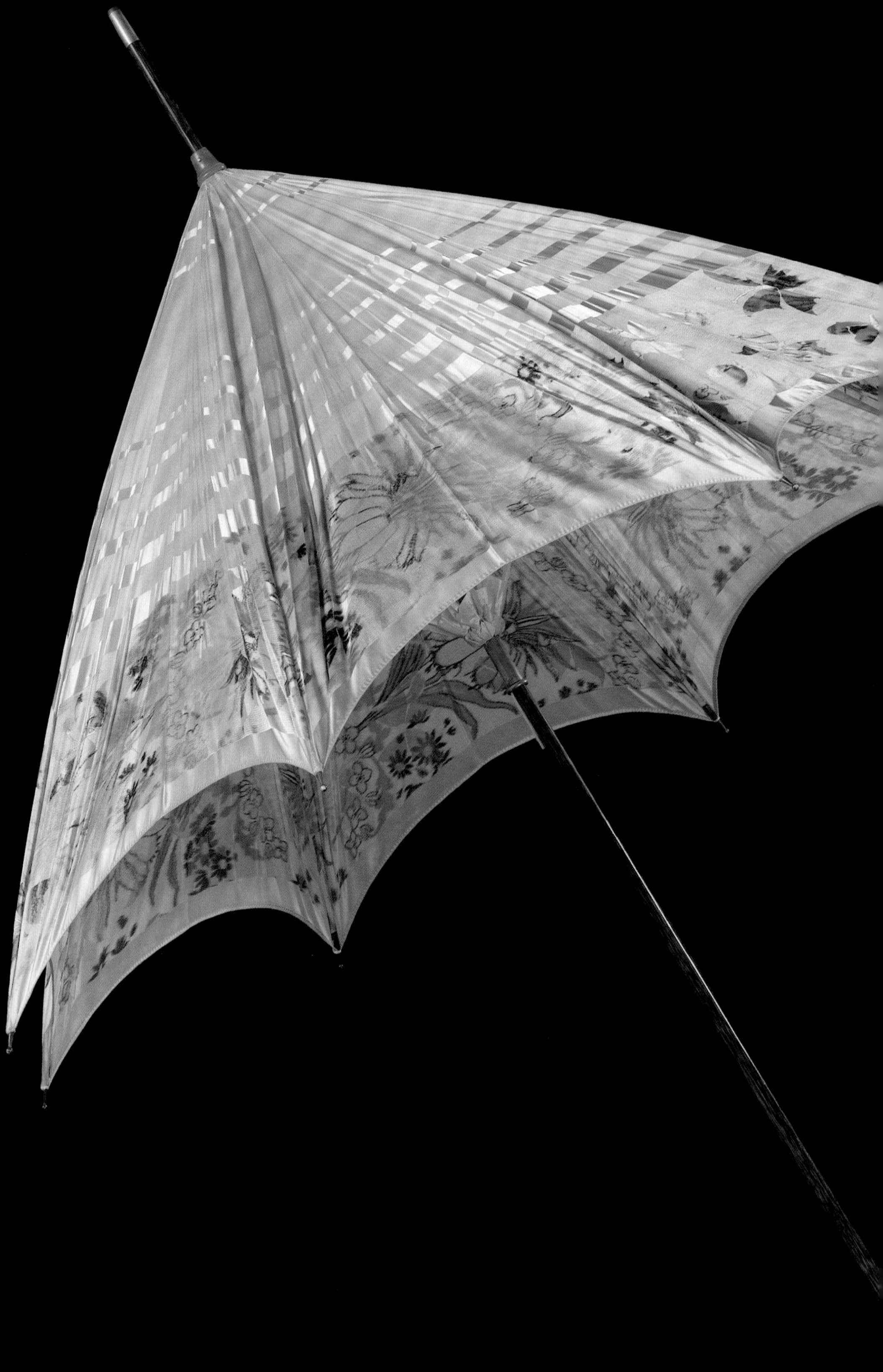

Parasol
c. 1895-1905
France, Paris
Silk, satin, wood, bone, silver,
turquoise
BK-1980-6

Parasol
ca. 1895-1905
Frankrijk, Parijs
Zijde, satijn, hout, been, zilver,
turkoois
BK-1980-6

Strap shoes
c. 1895-1905
Belgium, Brussels
Glacé leather, glass, rep silk
BK-1979-231

Bandschoenen
ca. 1895-1905
België, Brussel
Glacéleer, glas, ripszijde
BK-1979-231

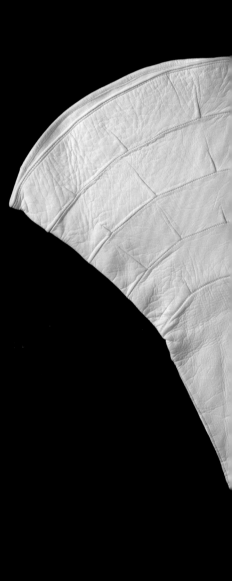

Evening gloves
c. 1930
Laimböck
Austria, Tyrol and Netherlands
Kid, mother-of-pearl
BK-1984-108

Avondhandschoenen
ca. 1930
Laimböck
Oostenrijk, Tirol en Nederland
Wasleer, parelmoer
BK-1984-108

Gloves
c. 1800-25
Netherlands
Cotton
BK-KOG-87

Handschoenen
ca. 1800-1825
Nederland
Katoen
BK-KOG-87

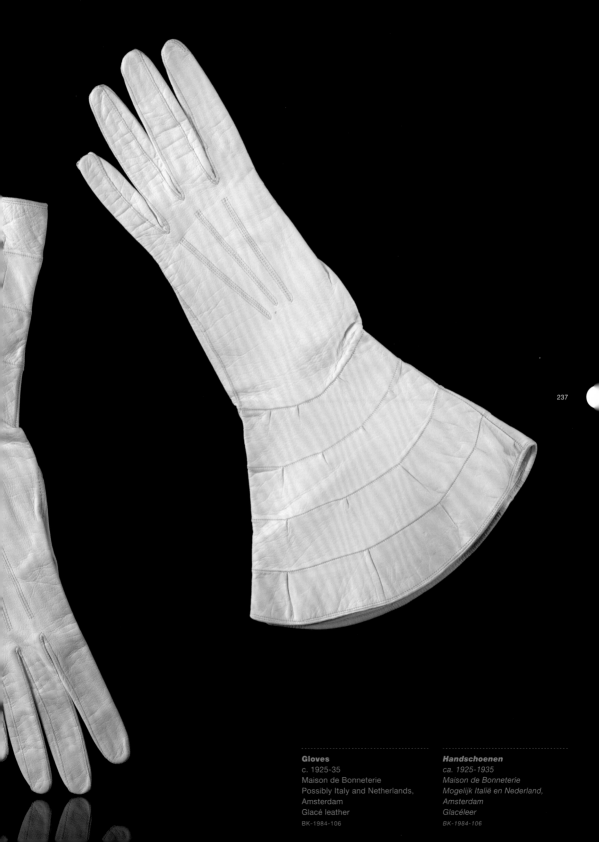

Gloves
c. 1925-35
Maison de Bonneterie
Possibly Italy and Netherlands,
Amsterdam
Glacé leather
BK-1984-106

Handschoenen
ca. 1925-1935
Maison de Bonneterie
Mogelijk Italië en Nederland,
Amsterdam
Glacéleer
BK-1984-106

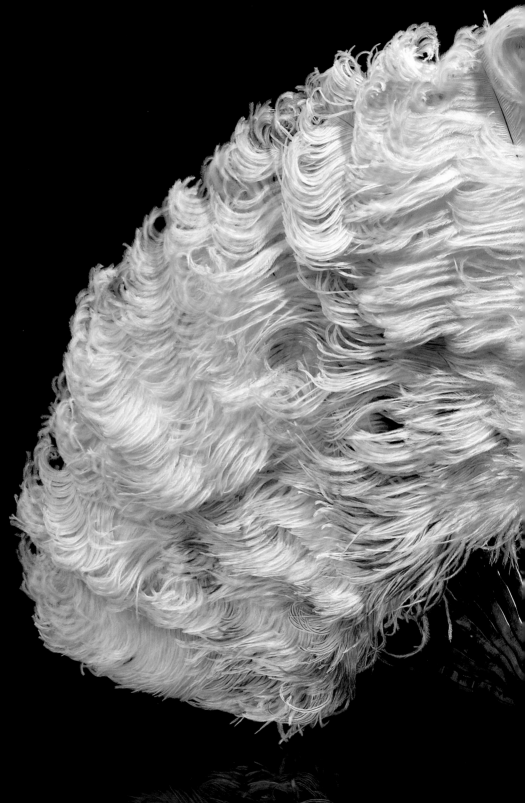

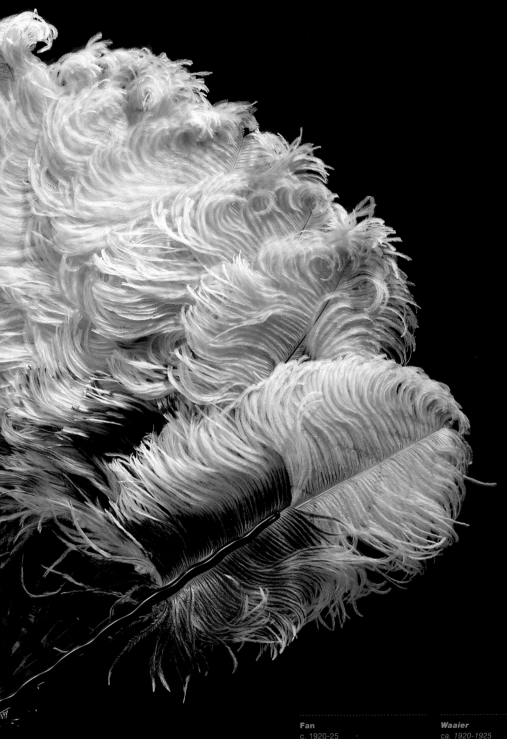

239

Fan
c. 1920-25
Weduwe W. van der Hulst
Netherlands, Amsterdam
Ostrich feathers, synthetic material
BK-1978-320

Waaier
ca. 1920-1925
Weduwe W. van der Hulst
Nederland, Amsterdam
Struisvogelveer, kunststof
BK-1978-320

Shawl
c. 1750-1800
Western Europe
Cotton
BK-NM-4964

Omslagdoek
ca. 1750-1800
West-Europa
Katoen
BK-NM-4964

Sleeve ruffle
c. 1750
Netherlands
Linen
BK-1970-71-a

Engageantes
ca. 1750
Nederland
Linnen
BK-1970-71-a

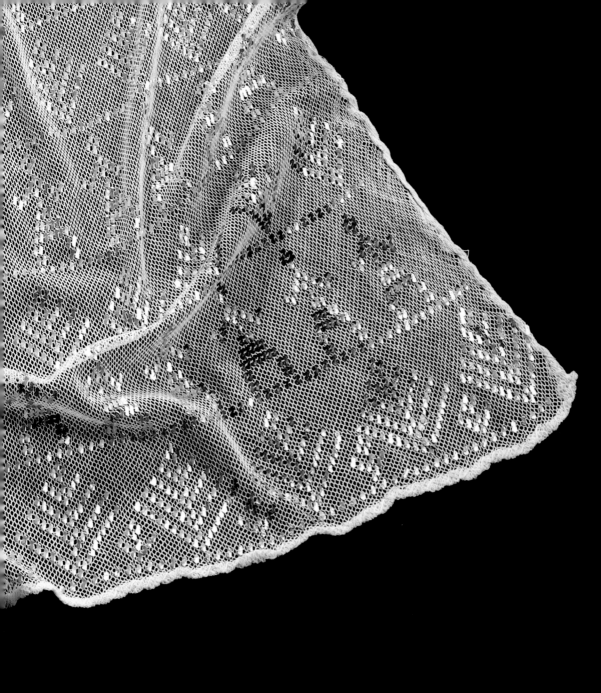

Shawl
c. 1920 or c.1810
Indonesia or India
Tulle, silver lamé

Sjaal
ca. 1920 of ca. 1810
Indonesië of India
Tule, zilverlamé

Bridal veil and crown
c. 1890
Netherlands
Silk, wax, laiton thread, cotton

Bruidssluier met kroontje
ca. 1890
Nederland
Zijde, was, laitondraad, katoen

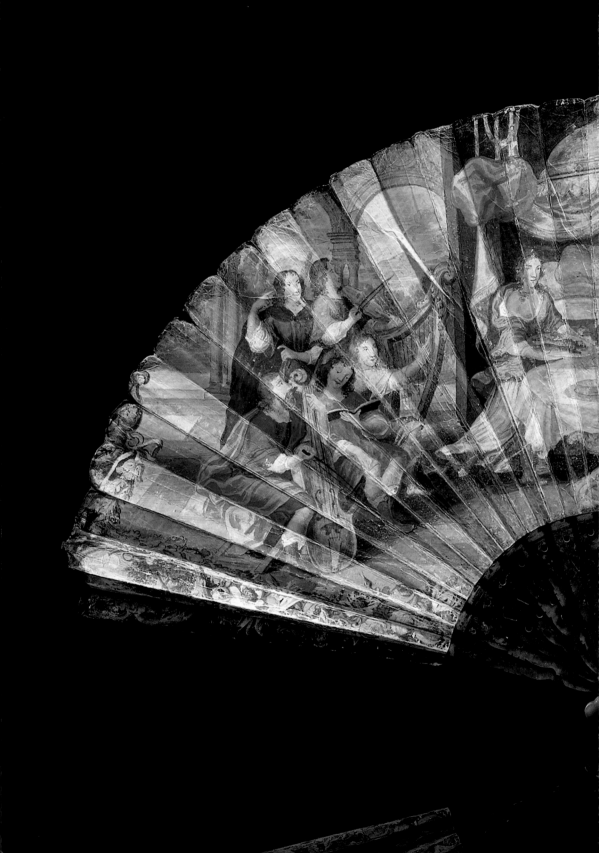

VARIOUS COLOURS

Nowadays we can get our clothes, the interiors of our homes and our cars in every conceivable colour, but none of them has anything to do with nature, let alone a specific symbolism. Back in the Middle Ages, though, dress ordinances governing who might wear what, where and when, were regularly issued. In Renaissance Italy men wore striped hose in the colours associated with their family coat of arms. Heraldry – in the Netherlands and elsewhere – featured bright colour combinations. Weaving or dyeing cloth in a number of colours is more difficult than a single colour. A 'Recipe Book for Dyeing All Colours' was produced in Haarlem in the 17th century. It contains over 900 pages of recipes explaining dyeing methods and types of pigment, together with a host of regulations for the textile industry. Today there is an international standard for colours, precisely specifying thousands of colours. Useful, when you think that in Mongolia alone there are more than 300 words to describe the colour of a horse.

KLEURRIJK

Tegenwoordig kunnen we onze kleding, interieur en auto in alle mogelijke kleuren krijgen, die qua herkomst niets meer met de natuur te maken hebben, laat staan met een bepaalde symboliek. In de middeleeuwen werden daarentegen regelmatig kledingverordeningen uitgegeven waarin was vastgelegd wie, wat, waar en wanneer mocht dragen. En in Italië droeg men in de renaissance kousen in kleurcombinaties die verbonden waren aan het desbetreffende familiewapen. De heraldiek kende – ook in de Nederlanden – bonte kleurcombinaties. Het weven of verven van meerkleurige stoffen is lastiger dan enkele kleuren. In Haarlem bestond in de 17de eeuw het 'Receptenboek om allerlei kleuren te verwen'. Hierin staan ruim 900 pagina's met recepten met verfmethodes en pigmentsoorten, maar ook allerlei reglementen voor de textielindustrie. Momenteel bestaat er een internationale standaard voor kleuren, waarin duizenden kleuren precies zijn vastgelegd. Handig wanneer je bedenkt dat alleen al in Mongolië meer dan 300 namen bestaan om de kleur van een paard te benoemen.

Folding fan
c. 1650-75
Netherlands or France
Leather, gouache, tortoiseshell,
metal
BK-NM-10465

Vouwwaaier
ca. 1650-1675
Nederland of Frankrijk
Leer, gouache, schildpad, metaal
BK-NM-10465

246

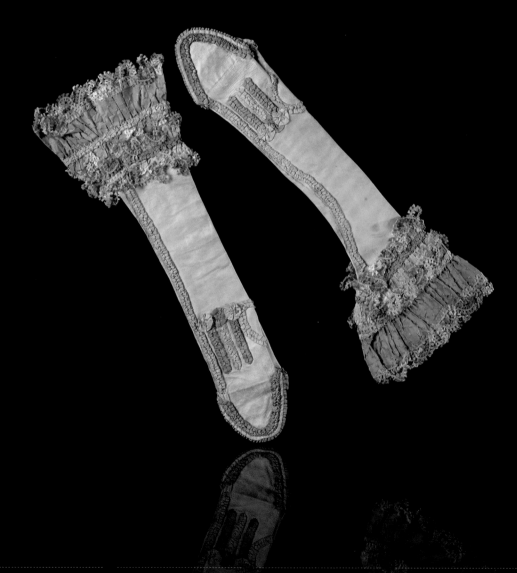

Mittens
c. 1750-1800
Netherlands
Chamois leather, silk
BK-KOG-1750

Mitaines
ca. 1750-1800
Nederland
Zeemleer, zijde
BK-KOG-1750

Drawstring reticule
c. 1830-50
Netherlands or Germany
Cotton, paper, iron, glass
BK-1955-23

Reticule
ca. 1830-1850
Nederland of Duitsland
Katoen, papier, ijzer, glas
BK-1955-23

awl

ley²

Kasjmiersjaal
ca. 1830-1835
Schotland, Paisley²
Wol
BK-1978-803

Cashmere shawl
c. 1855-65
Gaussen & Cie⁷
France, Paris or Scotland. Paisley
Wool
BK-1960-165

Kasjmiersjaal
ca. 1855-1865
Gaussen & Cie⁷
Frankrijk, Parijs of Schotland,
Paisley
Wol
BK-1960-165

Cashmere shawl
c. 1820-30
India⁷
Wool
BK-1980-51

Kasjmiersjaal
ca. 1820-1830
India⁷
Wol
BK-1980-51

Knotting-bag
c. 1725-50
France or Paris
Silk, glass
BK-1978-390

Frivolitétas
ca. 1725-1750
Frankrijk of Parijs
Zijde, glas
BK-1978-390

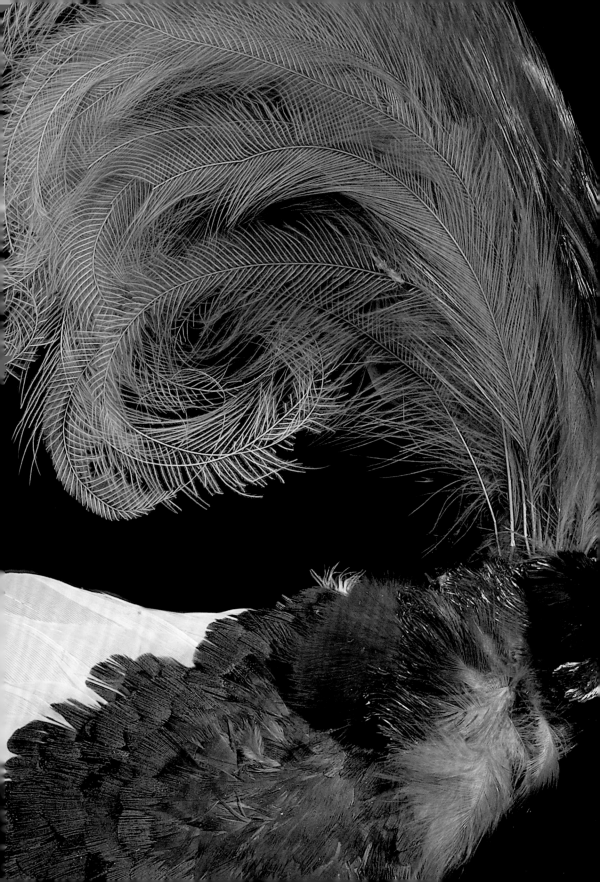

Corsage
c. 1910-15
Netherlands
Flamingo tail feathers, head of a
glossy starling, nando feathers,
paint
BK-1967-56

Corsage
ca. 1910-1915
Nederland
Flamingo-staartveren, kop van
glansspreeuw, nandoeveren, verf
BK-1967-56

Folding fan
c. 1775-80
France
Vellum, watercolour, mother-of-pearl, silver leaf, gold leaf
BK-NM-12517

Vouwwaaier
ca. 1775-1780
Frankrijk
Perkament, waterverf, parelmoer, bladzilver, bladgoud
BK-NM-12517

Folding fan
1787
Camillo Buti
Italy, Rome
Goatskin, gouache, ivory, mother-of-pearl, metal
BK-BR-726-3

Vouwwaaier
1787
Camillo Buti
Italië, Rome
Geitenleer, gouache, ivoor, parelmoer, metaal
BK-BR-726-3

254

Folding fan
c. 1830-40
Netherlands?
Paper, horn?, ink, gouache, gold
paint, brass
BK-1993-9

Voorwaaier
ca. 1830-1840
Nederland?
Papier, hoorn?, inkt, gouache,
goudverf, koper
BK-1993-9

Parasol
c. 1920-30
Japan
Silk, bamboo, wood, tempera,
metal
BK-2002-5

Parasol
ca. 1920-1930
Japan
Zijde, bamboe, hout, tempera,
metaal
BK-2002-5

Fire screen
c. 1688-1720
Netherlands
J. Teyler
Canvas, wood, wool, printing ink
BK-NM-3151

Vuurscherm
ca. 1688-1720
J. Teyler
Nederland
Linnen, hout, wol, drukinkt
BK-NM-3151

L'ORACLE

6	8	4	10
10	2	4	8	7
1	7	3	6	1	3	9
8	3	9	5	9
5	9	7	5	2	8
4	2	1	10	3	4	6
6	6	2	8	1	7
8	10	3	6	9	2
5	1	9	7

2.
3. A
4. Ju
5. Jup
6. Mine
7. Mercu
8. Cérès.
9. Bacchus.
10. Venus.

6. Si le mariage
7. Si l'on rendra q
8. Quel mari elle au
9. Si le songe est veri
9. Si la fortune changera

Folding fan
c. 1780-90
France
Paper, watercolour, ivory, foil,
glass
BK-NM-12904-c

Vouwwaaier
ca. 1780-1790
Frankrijk
Papier, aquarel, ivoor, folie, glas
BK-NM-12904-c

Shoes
c. 1720-30
Netherlands
Linen, floss silk, goatskin, leather
BK-NM-8428

Schoenen
ca. 1720-1730
Nederland
Linnen, vloszijde, geitenleer,
runderleer
BK-NM-8428

Mules
c. 1660-70
Netherlands
Linen or hemp, wool, silver,
calfskin, leather, cord
BK-BR-334

Trippen
ca. 1660-1670
Nederland
Linnen of hennep, wol, zilver,
kalfsleer, runderleer, touw
BK-BR-334

House cap
c. 1750
North-West India
Cotton, mordant- and resist-dyed,
painted
BK-1978-792

Huismuts
ca. 1750
Noordwest-India
Katoen, geverfd door beits- en
uitsparingstechniek, geschilderd
BK-1978-792

Drawstring purse
c. 1685-1715
Netherlands or France
Silk, glass
BK-NM-8236

Buidel
ca. 1685-1715
Nederland of Frankrijk
Zijde, glas
BK-NM-8236

THE COLLECTION,
THE WEB EXHIBITION
AND THE BOOK

DE COLLECTIE, DE WEBTENTOONSTELLING
EN HET BOEK

The Rijksmuseum has a collection of more than 5,000 accessories covering the period from 1550 to 1950, including hats, bags, fans, shawls, shoes, buckles, skirt grips, gloves, and more. Each and every one of them is currently being examined, described and photographed again so that eventually they will all be available to consult in word and image on the museum website. The opening up of this collection was marked at the beginning of 2008 by the web exhibition Accessorize! (www. rijksmuseum.nl/accessorize). The site, like this book, was designed by Cristina Garcia Martin and Joost van Grinsven, who took their inspiration for the styling of the accessories from present-day fashion photography. Placing the objects on a gleaming black background throws the opulence, glamour and individuality of each one into sharp relief, while the reflection reveals the often concealed underside or inside. The photographs – a major feature of this project – were taken by the Rijksmuseum photographers Frans Pegt, Rik Klein Gotink and Carola van Wijk.

This exhibition, specifically created for the web, can be viewed at various levels: it can be browsed like a full-colour book of plates, while a click of the mouse will summon up background information. There is also a zoom feature that gives visitors to the site an unprecedented opportunity to view the objects at very close quarters. It is possible to make all sorts of groups, arranged by material, colour, type of object or period. Interspersed with this are a number of animations with a light-hearted take on the different themes, and there are games to play and quizzes to do. Since the costume collection is part of the Rijksmuseum's vast and varied collection, costume curators Bianca M. du Mortier and costume documentalist Ninke Bloemberg were able to augment the background information with relevant paintings, prints, drawings, jewellery and historic objects that help place the accessories in their contemporary context. In October 2008 the site won the Dutch Design Award 2008. This book was inspired by the web exhibition.

Het Rijksmuseum heeft een collectie van meer dan 5000 accessoires uit de periode 1550-1950, bestaande uit hoeden, tassen, waaiers, sjaals, schoenen, gespen, rokophouders, handschoenen, etc. Deze worden op het ogenblik stuk voor stuk opnieuw bekeken, beschreven en gefotografeerd zodat ze uiteindelijk allemaal in beeld en tekst via de website van het museum te raadplegen zullen zijn. Om de aandacht op deze collectieontsluiting te vestigen, is begin 2008 de webtentoonstelling Accessorize! gelanceerd (www.rijksmuseum.nl/accessorize). De site is evenals dit boek vormgegeven door Cristina Garcia Martin en Joost van Grinsven. Zij lieten zich voor de styling van de accessoires inspireren door de huidige modefotografie. Door de objecten op een glimmend zwarte ondergrond te plaatsen, wordt de rijkdom, luxe en het bijzondere van ieder voorwerp benadrukt en maakt de spiegeling de (vaak verborgen) onder- of binnenkant zichtbaar. De fotografie – die in dit project een hoofdrol vervult – werd verzorgd door Rijksmuseumfotografen Frans Pegt, Rik Klein Gotink en Carola van Wijk.

Deze speciaal voor het web gemaakte tentoonstelling is op verschillende niveaus te bekijken: men kan erdoorheen bladeren als een fullcolour platenboek, of door een klik op de knop achtergrondinformatie oproepen of gebruikmaken van de unieke gelegenheid om objecten door middel van inzoomen van héél dichtbij te bekijken. De bezoeker kan allerlei groepen maken, gerangschikt op materiaal, kleur, soortnaam of periode. Dit geheel wordt afgewisseld door een aantal animaties, die op speelse wijze de thema's verder uitdiepen en men kan spelletjes spelen of een quiz doen. Omdat de kostuumverzameling deel uitmaakt van de enorme, rijke en gevarieerde collectie van het Rijksmuseum konden samenstellers Bianca M. du Mortier en Ninke Bloemberg de achtergrondinformatie aanvullen met relevante schilderijen, prenten, tekeningen, juwelen en historische voorwerpen die de accessoires in hun eigentijdse context plaatsen. In oktober 2008 won de site de Dutch Design Award 2008. Geïnspireerd op de webtentoonstelling is dit boek tot stand gekomen.

INDEX

INDEX

Bags & purses

Tassen & beurzen

105

23

79

54-55

155

204

50

191

114

41

147

62

65

164

140-141

21

158

58

126

33

69-70

263

250-251

182

12

160

247

Collars & kerchiefs

Kragen & halsdoeken

218-219

152

96

230

226

223

224

220

221

229

227

225

222

183

228

216

217

231

227

228

241

Fans

Waaiers

76-77

173

255

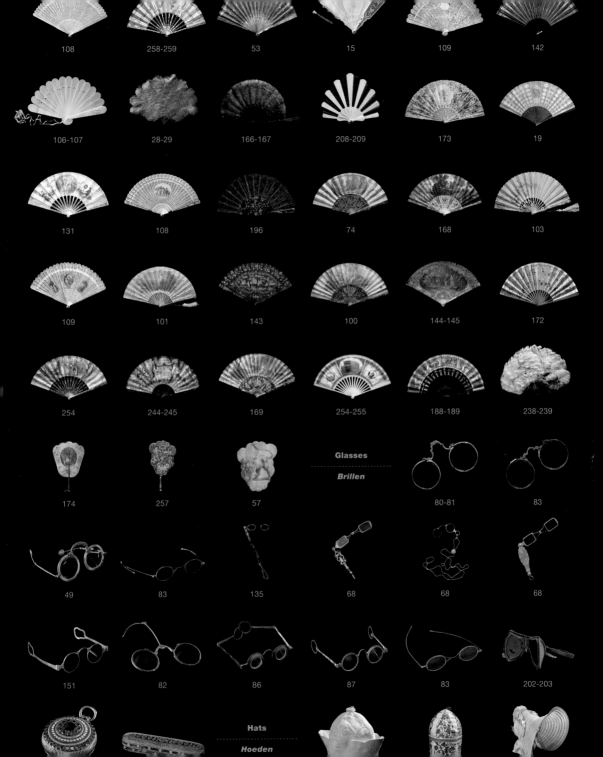

108
258-259
53
15
109
142

106-107
28-29
166-167
208-209
173
19

131
108
196
74
168
103

109
101
143
100
144-145
172

254
244-245
169
254-255
188-189
238-239

174
257
57

Glasses

Brillen

80-81
83

49
83
135
68
68
68

151
82
86
87
83
202-203

Hats

Hoeden

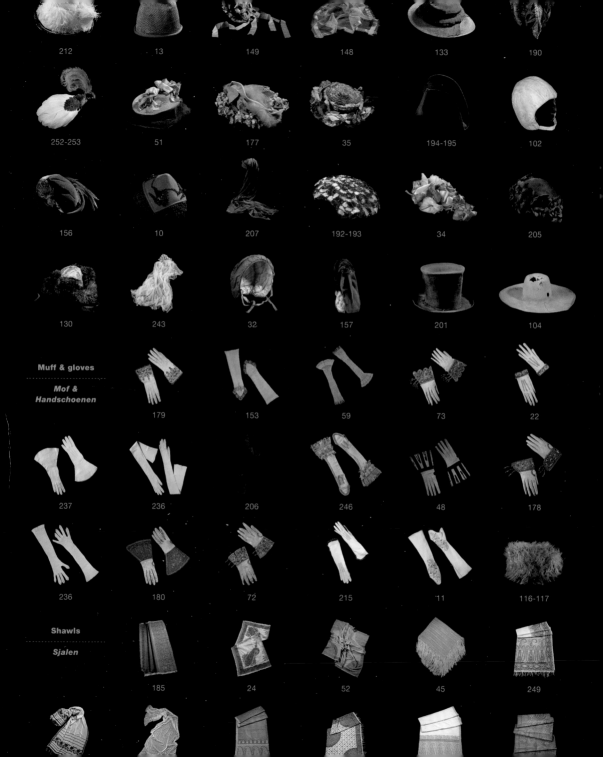

212 13 149 148 133 190

252-253 51 177 35 194-195 102

156 10 207 192-193 34 205

130 243 32 157 201 104

Muff & gloves

Mof & Handschoenen

179 153 59 73 22

237 236 206 246 48 178

236 180 72 215 11 116-117

Shawls

Sjalen

185 24 52 45 249